本书受安徽财经大学专著出版资助

中国高技术产业创新能力对产业结构优化升级影响研究

李 邃 著

中国财经出版传媒集团
经济科学出版社
Economic Science Press

图书在版编目（CIP）数据

中国高技术产业创新能力对产业结构优化升级影响研究/李邃著.
—北京：经济科学出版社，2019.5
ISBN 978-7-5218-0605-2

Ⅰ.①中… Ⅱ.①李… Ⅲ.①高技术产业-技术革新-影响-产业结构优化-研究-中国②高技术产业-技术革新-影响-产业结构升级-研究-中国 Ⅳ.①F279.244.4②F269.24

中国版本图书馆CIP数据核字（2019）第109758号

责任编辑：黄双蓉
责任校对：刘 昕
责任印制：邱 天

中国高技术产业创新能力对产业结构优化升级影响研究
李 邃 著
经济科学出版社出版、发行 新华书店经销
社址：北京市海淀区阜成路甲28号 邮编：100142
总编部电话：010-88191217 发行部电话：010-88191522
网址：www.esp.com.cn
电子邮件：esp@esp.com.cn
天猫网店：经济科学出版社旗舰店
网址：http://jjkxcbs.tmall.com
北京时捷印刷有限公司印装
710×1000 16开 13印张 200000字
2019年5月第1版 2019年5月第1次印刷
ISBN 978-7-5218-0605-2 定价：46.00元
（图书出现印装问题，本社负责调换。电话：010-88191510）

前　言

中国正处于经济社会发展的重要阶段，是机遇与矛盾并存的时期，是进行经济结构战略性调整的关键时期，加快发展高技术产业、增强国家自主创新能力、推进产业结构优化升级是该时期的重要任务。而培养和提升高技术产业创新能力则是加快高技术产业发展、增强国家自主创新能力、推进产业结构优化升级的重要途径。经过10多年的发展，中国高技术产业已经具有一定规模，并表现出强大的研发和创新优势，这种优势对于增强产业结构转换能力，推动产业结构优化升级具有重要意义。本书集中分析高技术产业创新能力对产业结构优化升级的影响，主要目的是考察其对于产业结构优化升级的影响机制和实际效应，并为增强高技术产业创新影响力和带动力提供建设性意见。本书的研究工作主要从以下四个方面展开。

首先，界定本书核心概念——高技术产业创新能力，围绕有关理论——产业创新、动态能力、产业关联、产业网络的理论和实证研究进行了综述，指出现有研究的借鉴意义和不足，为本书后续研究工作奠定理论基础。

其次，构建基于高技术产业创新能力的产业结构优化升级的基本理论框架，进一步将高技术产业创新能力分解为三个维度——科技创新能力、创新转化波及能力和创新的环境制度影响支撑能力，分别讨论它们对于产业结构优化升级的影响机制。

再次，实证分析分为两部分：其一，对中国高技术产业创新能力对于产业结构优化升级的影响进行了研究；其二，对5个高技术行业创新能力对于产业结构优化升级的影响进行了研究。首先分别评价了1995～2008年中国高技术产业及分行业的创新能力与产业结构优化升级情况，继而对它们之间的关系进行了验证，结果表明：中国产业结构优化升级与高技术产业创新能力及其各构成要素之间都存在着正相关关系。从长期来看，高技术产业创新能力（IC）及三个构成维度（X_1、X_2、X_3）与产业结构优化升级（Y）之间存在协整关系，而且，IC、X_1、X_2、X_3是Y的格兰杰成因。说明高技术产业创新能力以及构成维度——科技创新能力、创新转化波及能力和创新环境制度影响支撑能力的提升都会对产业结构的优化升级产生积极影响。高技术产业各行业的创新能力的提升都会带动产业结构的优化升级，但是，不同的高技术行业的科技创新能力、创新转化波及能力和创新的环境制度影响支撑能力优化产业结构的表现是不同的。

最后，基于实证分析的结果，本研究指出当前中国高技术产业中存在的影响创新能力提升的三个关键问题，并针对性地提出建设性意见，即推进高技术行业的规模化和集聚化、壮大中国高技术产业、提高研发经费投入比重和效率、加强基础设施建设。

目录
CONTENTS

第 1 章

绪　论

1.1　选题背景和意义

党的十八大以来，中国特色社会主义进入新时代，党和国家事业取得全方位、开创性成就，发生深层次、根本性变革。党和国家事业发生历史性变革的重要体现，就是社会主要矛盾转化为人民日益增长的美好生活需要与不平衡不充分的发展之间的矛盾。中国社会主要矛盾的变化，从根本上决定了必须以供给侧结构性改革为主线建设现代化经济体系。供给侧结构性改革使供给体系有效适应需求结构变化，从而使“发展”与“需要”相互联通并且有效匹配。而供给侧结构性改革的关键是建设协同发展的产业体系，其中重要的一环就是全面提高实体经济特别是制造业水平。党的十九大报告指出：“建设现代化经济体系，必须把发展经济的着力点放在实体经济上，把提高供给体系质量作为主攻方向，显著增强中国经济质量优势。供给侧结构性改革，提高供给体系质量也是满足当前中国居民日益提升的消费层次的需要。”近年来中国最终消费占国内生产总值（GDP）比重已经从 40% 多提升到 70%，成为国内经济增长的最亮点。虽然中国最终消费对 GDP 的贡献已经超过 50%，但是我们还要看到仍有大量的产能过剩、海外高端消费外流，消费还面临大量结构性问题。这也说明当前中国经济的外延式增长方式未得到根本性改变。因此，在新的发展阶段中国要以产业结构调整为主线，形成以创新推动为特征的产业结构，这也是顺应需求结构升级的要求，解决工业化加速发展时期经济持续发展与资源有限性矛盾的根本途径。

而在经济发展过程中，产业结构的演变有社会和创新（主要是指技术创新）两个基本的动因，其中，社会动因是指社会需求结构的变化和人的需要层次的变化所导致的产业结构变化；创新动因是指因创新而直接实现的对原有的产业部门的改造和新兴产业部门的建立所导致的产业结构的变化，现代经济中，创新是社会经济发展的内生变量。在中国迈进工业化高级阶段和经济稳定增长阶段之时，经济迎来了一个大规模固定资产、设备的更新阶段，这种大规模的更新预示着资源配置向着知识技术密集化方向发展的趋势，预示着产业生产要素构成的高级化和产业结构高级化的趋势[2]。此时，创新就成为产业结构变化的根本动因。

正是由于这种大规模固定资产、设备的更新具有全社会性、广泛性、代表生产要素高级化的特征，所以要求创新介入其中的切入点也要具备这些特性，而高技术产业创新能力恰好具备成为推进生产要素高级化和产业结构优化升级的切入点的特征。一方面，从高技术产业自身特质来看，高技术产业具有知识、技术密集度高，发展速度快，有一定市场规模和对相关产业的波及效应较大等特征。通过高技术产业的创新，不仅可以提高高技术产业本身的竞争力，还可以通过新知识、新技术和新工艺的扩散引致相关产业部门的创新活动。另一方面，经过多年的培养，目前中国的高技术产业已初具规模，2008 年高技术产业增加值占全部工业增加值的 10.2%，位居世界第二；高技术产品出口总额达到 3478 亿美元，国际市场份额已居全球第一①。同时高技术产业已成为国民经济中成长最为迅速的产业，2001 ~ 2007 年中国高技术产业增加值以年均 24.67% 的速度增长，高于同时期制造业的增速。可见，无论从高技术产业自身特性还是从发展规模，中国高技术产业可以担当起时代赋予的重任。

高技术产业成为产业结构优化升级最为活跃的动因来源于高技术产业的

① 数据来源：http：//news.xinhuanet.com/video/2009－09/17/content_12067217.htm。

创新活动。高技术产业是创新活动发生最频繁的产业，一方面，创新活动提高了高技术产业的劳动生产率，并利用比较劳动生产率的差异推动经济要素从生产率比较低的部门向该部门转移，通过产业的更迭与调整，促进资源向劳动生产率高的部门聚集并实现产业结构升级；另一方面，创新成果通过产业间的直接、间接关联关系转移、扩散，使高新技术渗透、融合到各个产业领域的生产要素中，并凝结成新的生产力结构，使产业结构产生质的飞跃。

因此，将高技术产业创新能力引入产业结构优化升级分析，是对产业结构调整方向进行量化科学引导的重要方法。高科技产业创新能力作用于产业结构，支撑起高技术产业与传统产业间科技互动的平台，提供了鼓励产业主体间协作创新的机制。高技术产业创新能力的建设和培养符合中国建设新型工业化和加速发展现代服务业的要求。通过建设和培养高技术产业创新能力，促进高技术产业的科技进步，推进高科技成果的产业化，在此基础上扩大高技术在产业系统中的波及面，通过高科技的渗透提高高技术产业及相关产业产品质量并不断开发新产品，带动和刺激市场需求。知识经济时代就是软要素主导经济的时代。基于高技术产业创新能力视角研究产业结构优化升级，重视了产业经济要素中的科技含量，有利于产业要素软化，这对于中国走出一条科技含量高、经济效益好、资源消耗低、环境污染少、人力资源优势得到充分发挥的新型工业化道路具有重大战略意义。

1.2 相关概念界定

1.2.1 高技术产业

高技术产业的严格界定，是对高技术产业创新能力以及高技术产业在产业体系中地位作用进行研究的基础。从世界范围看，目前对高技术产业的界定尚无国际公认的标准。一般地，根据经济社会发展的实际，不同国家往往采用不同的界定方法和标准来划分本国的高技术产业。美国商务部认为，研究开发费用在总附加值中所占比重为10%以上，而科学家和工程师在总职工中所占比重为10%以上的产业，即为高技术产业。美国学者杜迪卢（D. D. Doody）和芒塞（H. B. Muntser）认为，高技术部类可以被定义为是一类体现出高增长率、高额的研究与开发费用、高额附加值、强烈的出口导向和劳务密集型（这里专指高技能的劳务型生产技术公司）[3]。

在英国，高技术产业被认为是一组包含新信息技术、生物技术和许多位于科学和技术进步前沿的其他技术的产业群体[4]。

在加拿大，高技术产业被定义为是一种技术水平相对高的生产部门，这种相对高的技术水平通过劳动力的技术素质或用于研究与开发的经费来反映[5]。

在澳大利亚，高技术产业被界定为投入大量研究与开发经费，与科学技术人员联系紧密，产生新产品和过程，并且有科学和技术背景的产业[6]。

经济合作与发展组织（OECD）把研究与开发（R&D）密集度（R&D经费占工业总产值的比重）作为界定高技术产业的标准，将相对于其他制造业而言具有较高R&D密集度的产业定义为高技术产业[7]。在众多界定方法中，OECD基于产业方法的定义和界定范围最具代表性，据此进行国际比较也比较简便，因此得到了OECD成员国及其他国家的广泛认同和应用。

欧盟在《科学技术指标报告》中把有很高的经济增长率和国际竞争能力，有较大就业潜力，同时R&D投入高于所有部门平均水平的航空航天制造业、化工产品制造业、医药品制造业、汽车及零部件制造业、科学仪器制造业等八大产业作为高技术产业[8]。

在中国，目前采取的主要是列举法，即按技术类型定义高技术产业。《中国科技产业》公布的目录包括微电子科学和电子信息技术产业、空间科学和航空航天技术、光电子科学和光机电一体化技术、生命科学和生物工程技术等11项技术大类。

通过对国外高技术产业界定理论和方法的深入研究，结合中国具体国情，国内专家和机构虽对高技术产业的定性描述不同，但在以下几方面是达成共识的：第一，高技术产业是一个类别概念，是相对于传统产业或基于常规技术的产业而言，通常包含若干个不同的产业门类；就产业而言，它一般是一个集合概念，是由若干企业组成，它通常包含许多形成一定规模的高技术企业。第二，高技术产业界定应尽量保持行业类别的完整性。国际标准产业分类分大类、类、大组、组四个层次，技术密集程度在各类之间、类以下的大组之间、大组以下的组之间分布很不均衡，只有采取分层测算的办法，才能把各层中技术密集程度显著高的行业划分出来，分层测算选定的行业尽管仍包含低技术生产行业，但不再细分，整体划归高技术产业。第三，高技术产业界定应具有较强的可操作性。高技术产业具有独立的产业形态，其特点是已形成从事相同经济活动的企业群体，目前以制造业作为划分高技术产业的基本范围，是考虑到制造业作为物质生产部门，具有技术开发活动相对密集的特点，是 R&D 活动的主体，也是多数国家 R&D 统计的基本范围，以制造业为基础进行划分能够满足国际比较和方便操作的要求。第四，它是资本密集型产业，其科研费用和设备投资大、产品附加值高。第五，它是知识密集型产业，高技术产业不仅要求在生产过程中运用和投入高技术或高技术产品，而且其所产出的也是高技术产品或是以高技术为基础的服务，否则只能认为是运用了高技术的传统产业而不能称之为高技术产业。第六，它的产品具有良好的市场需求和竞争力。

需要指出的是，同一个国家或地区在不同时期，因经济发展水平的不同，高技术产业的范围也是不同的。当经济发展到新的阶段，原有的高技术产业可能成为成熟产业，而一些新的产业可能成为高技术产业。因此，高技术产业的范围应随着经济的发展做出相应的调整。

基于以上认识，本研究认为高技术产业是相对的、动态的概念，是从事各种高技术的研究、开发、生产、推广、应用等所形成的企业群的总称，它是把生产过程和最终产品或服务建立在高技术基础之上的产业，具有知识密集、R&D 投入高、附加值高、增长速度快、技术进步快等特征。为了体现国际可比原则和符合国情原则，统计上，本书采用文献研究与统计年鉴数据相结合的方法，根据国家统计局 2002 年颁布的《高技术产业统计分类目录》对高技术产业进行界定，包括医药制造业、航空航天器制造业、电子及通信设备制造业、电子计算机及办公设备制造业、医疗设备及仪器仪表制造业 5 个大类行业。

1.2.2 产业结构优化升级的界定

产业结构是一个国家或地区的各种生产要素在各个产业部门、行业之间的构成比例及它们之间的相互依存和制约关系。产业结构问题实际上就是资源在各个产业部门间的配置结构问题。因此，产业结构调整的问题实际上就是资源配置的调整问题，当然，如果仅限于现有资源配置的调整，属于产业结构的合理化问题。在中国进入工业化高级阶段和经济稳定增长时期的背景下，生产要素的高级化即知识技术化就显得尤为重要了，因此，中国产业结构不仅面临着合理化的要求，更面临着产业结构高级化的要求。

在这样的要求下，产业结构优化升级包含两方面内容：产业结构高度化和产业结构合理化。产业结构高度化是指产业结构由较低水准向较高水准发展的过程，具体体现为在整个产业结构中，由第一次产业占优势比重逐级向第二次、第三次产业占优势比重演进，即产业重点依次转移；由劳动密集型产业占优势比重逐级向资金密集型、技术知识密集型占优势比重演进，即向各种要素密集度依次转移；由制造初级产品的产业占优势比重逐级向制造中间产品、最终产品的产业占优势比重演进，即向产品形态依次转移。产业结构合理化是指产业之间有机联系的聚合质量，体现在各产业之间关系的均衡程度和关联作用程度[9]。可见，产业结构优化升级一方面是通过不断开发引进高新技术、发展高技术产业并对传统产业改造使产业结构向高级化方向演进，另一方面还要注意各产业之间按比例协调发展，加强产业之间有机联系的聚合质量。

本书根据“十一五”规划中有关产业结构优化升级的建议将今后一段时期中国产业结构优化升级问题归纳为以下几点：第一，产业结构优化升级体现在先进制造业发展，即广泛应用高技术和先进适用技术改造提升制造业，发挥制造业对经济发展的重要支撑作用；服务业比重提高，特别是要大力发展金融、保险、物流、信息和法律服务等现代服务业；能源消耗水平降低。第二，产业结构优化升级的基础是创新，不断用高技术产业和新兴产业替代传统产业，这就需要进行创新，创新是产业结构保持较强的结构转化能力的内在动力。第三，产业结构优化升级必须伴随经济要素升级。产业升级是在一些产业兴起的同时，另一些产业衰落的过程，其前提是经济要素从衰落的产业中转移出来，进入新兴产业之中。这既是一个要素的重新组合过程，也是一个要素的升级过程。

前述内容，对本书研究的两个重要概念进行了界定，后面各章将结合中国今后一段时期产业结构优化升级的任务，以高技术产业创新能力为切入点详细论证其对产业结构优化升级的影响。

1.3 研究方法和内容

本书采用理论研究与实证研究相结合、定性分析与定量分析相结合的方法。理论研究与实证研究二者相辅相成，前者是后者的依据，为后者提供指导，后者则充实和拓展了前者。定性分析和定量分析则是辩证统一的关系，定性认识是定量认识的前提和基础，没有正确的定性分析，定量分析就会迷失方向；定量认识则使定性认识更加具体、精确和深入，如果只重视定性分析，而忽视定量分析，就无法全面而准确地把握数量变化的规律。本书在对相关理论进行梳理的基础上，以高技术产业创新能力作为中国产业结构优化升级的切入点，定性分析高技术产业创新能力影响产业结构优化升级的途径和机理。在此基础上，广泛收集数据，运用计量方法，对中国高技术产业创新能力对产业结构优化升级的影响效应进行定量分析，进而为更好地发挥高技术产业创新能力提出相应的政策建议。

本书共分 7 章，各章的研究内容安排如下：

第 1 章：绪论。主要阐述本书研究的背景和意义；对两个重要名词——高技术产业和产业结构优化升级进行界定；研究的方法和内容，研究的思路和框架，以及主要的创新点。

第 2 章：国内外研究现状及相关理论综述。本书的理论基础主要分三部分：(1) 有关产业创新能力的国内外现有的理论和实证研究综述，这一部分将作为界定高技术产业创新能力的重要依据。(2) 有关产业结构的国内外现有的理论和实证研究综述。（3）有关创新与产业结构优化升级的国内外现有的理论和实证研究综述。这一章是后续研究的理论基础。

第 3 章：高技术产业创新能力基本问题研究。结合产业创新理论、动态能力理论、产业关联理论和产业网络理论详细论述高技术产业创新能力在产业体系中的地位。

第 4 章：高技术产业创新能力对产业结构优化升级影响机制研究。第 4 章与第 5 章、第 6 章是本书研究的重点。第 4 章侧重于影响机制的理论分析，作为第 5 章实证分析的基础，首先把高技术产业创新能力分解为三个维度——科技创新能力、创新转化波及能力、创新环境制度影响支撑能力，在对产业结构优化的内涵和衡量标准进行界定的基础上，分别分析每一个维度对产业结构优化升级的影响机理，考察高技术产业创新能力推进产业结构优化升级的路径。

第 5 章和第 6 章：高技术产业创新能力影响产业结构优化升级的实证分析。这两章采用实证手段分析了高技术产业创新能力促进产业结构优化的效应和途径。实证分析包括两个方面的内容：一是高技术产业创新能力及构成维度与中国产业结构优化升级的关系如何，它们是否存在长期的均衡关系，前者对后者是否具有推动作用；二是高技术产业各行业的创新能力及构成维度与产业结构优化升级是否具有长期的均衡关系，各行业的创新能力及构成维度对产业结构优化升级是否具有推动作用。在第一个问题上，以 1995 ~ 2008 年的时间序列数据作为样本，选取合适的度量高技术产业的创新能力和产业结构优化的指标，首先对它们进行评估，然后进行协整分析和格兰杰检验，得出的结论是高技术产业的创新能力促进了中国产业结构优化升级。在第二个问题上，在测算出高技术产业各行业创新能力的基础上，通过协整分析和格兰杰检验，得出的结论是高技术产业各行业的创新能力促进了中国产业结构优化升级，但各行业的创新能力构成维度对于产业结构优化升级的影响是不同的。

第 7 章：结论和政策建议。对全书的研究工作进行了总结，并归纳了当前影响高技术产业创新能力提升的主要问题，针对这些问题提出了政策建议。最后还指出了研究的不足，并对进一步的研究方向进行了展望。

1.4　研究思路和框架

高技术产业创新能力作为中国提升产业结构的一个重要切入点，本书将围绕高技术产业创新能力对中国产业结构优化升级的影响这一主题，以高技术产业创新能力的产业结构优化升级效应作为考察对象，从定性和定量两个角度分析和评价高技术产业创新能力对产业结构的影响，并为高技术产业创新能力的提升提出相应政策建议。本书的研究思路和框架如图 1.1 所示。

1.5　主要创新点

本研究的创新点集中于高技术产业创新能力对于产业结构优化升级的效应和影响机制分析，具体来说，主要体现在以下四个方面：

第一个创新点，将高技术产业的创新活动置于产业大系统中，分析其对产业结构优化升级的影响机制。

技术作为经济要素与产业结构优化升级的关系，现有文献主要从三个视角展开论述：技术创新与产业结构优化升级；产业技术创新与产业结构优化升级；高技术产业或高技术产业技术创新与产业结构优化升级，这些研究成果过分局限于技术或是高技术产业本身，在一定程度上模糊了技术或是高技术产业对产业结构优化升级的影响路径。本书首先从一个崭新的视角来研究高技术产业的创新活动，把高技术产业的创新活动置于产业大系统中，分析其对产业结构优化升级的影响机制。通过理论和实证两方面的分析论证，指出现阶段高技术产业创新能力可以成为中国产业结构优化升级的切入点。与以往研究不同的是，高技术产业的这种创新能力不是仅仅局限于高技术产业本身，而是要强调其对产业系统创新活动具有动态的持续的提升特性，是单一产业与整个产业系统创新活动的融合互动，是产业结构转换的原动力。本书的研究结论将为中国高技术产业创新能力的持续提升以及通过其带动产业结构优化升级提供理论参考。

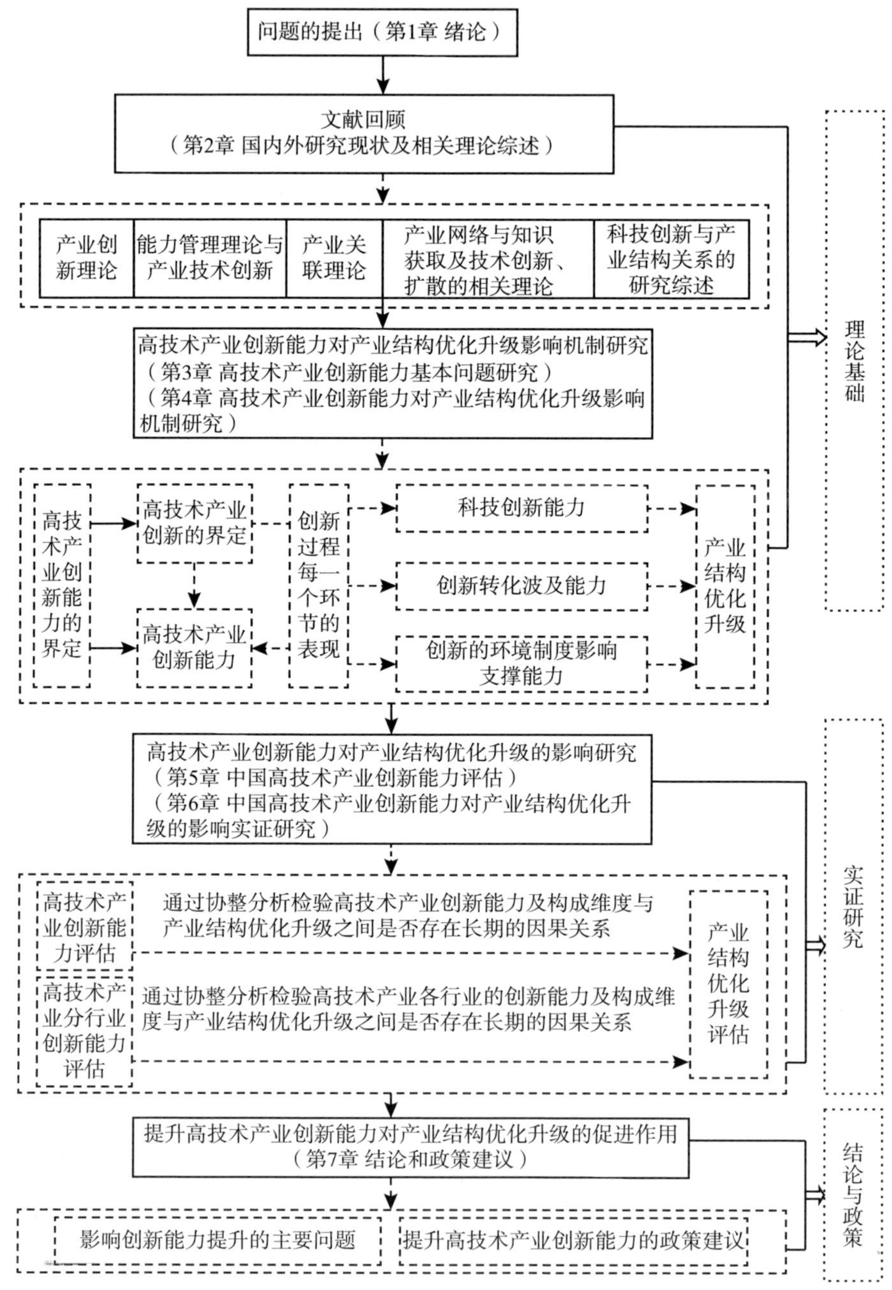

图 1.1　研究思路和框架结构

第二个创新点，构建了一个评价高技术产业创新能力的基本理论框架，赋予了高技术产业创新能力更全面的内容，并运用此基本理论框架设计了一套指标体系。

现有研究大多考察的是高技术产业技术创新能力，而且反映高技术产业技术创新能力的指标体系也是多种多样，如一些指标体系过多包含了经济社会指标，一些指标局限于研究开发活动本身，一些研究指标有较多重复，一些主观指标过多等，没有体现出高技术产业创新能力建设对产业结构优化升级的重要意义。本书提出的高技术产业创新能力指标体系赋予了高技术产业创新能力更全面的内容：（1）创新能力是可以被培养和提升的，科技活动是创新能力的基本培养方式；（2）创新能力蕴含了更广泛的外延，它涉及创新在企业之间、产业之间扩散、创新与产业结构升级的关系。

第三个创新点，本书通过建立适宜的计量模型，结合中国实际对高技术产业以及各行业的创新能力对于产业结构优化升级的影响路径和效应进行实证分析，以检验高技术产业及各行业的创新能力对于产业结构优化升级的作用，并分别考察了构成创新能力的三个维度影响产业结构优化升级的显著性和强度。

现有研究更多是对高技术产业或者是技术创新与产业结构优化升级之间关系的定性认识，虽然很多研究在理论上阐述了前者的发展可以带动产业结构的优化升级，但是经过数据验证的成果却十分罕见，更不用说将高技术产业置于产业大系统中，从这个崭新的视角研究其创新活动所产生的效力对中国产业结构优化升级的影响。从高技术产业创新能力对产业结构优化升级的影响机制分析中，二者的关系在理论上是成立的，但是这种理论上可以成立的关系在现实中到底有没有？如果有，是正面的影响还是负面的影响？影响程度是强还是弱？进一步，高技术产业中各行业的创新活动又对中国产业结构优化升级有无影响？影响效果如何？这些问题都需要进行深入、系统的实证考察。可以说本书的研究内容是对以往理论研究成果的检验和补充，兼具了理论和实用价值。

第四个创新点，本书的政策建议紧密结合当前中国高技术产业发展中新出现的问题。例如，产业规模增速放缓、三资企业主导地位显著以及研发总量小、结构不合理等，这些问题都会对高技术产业创新能力的提升产生负面影响，进而减弱产业结构优化升级的推动力，本书将针对这些问题寻求对策。

第 2 章

国内外研究现状及相关理论综述

本章的国内外研究综述涉及理论和实证两个方面的研究成果，从产业创新（能力）、产业结构优化升级以及创新与产业结构二者关系三个方面，对相关的理论和实证研究进行阐述。本章为界定高技术产业创新能力提供了理论依据，并为后续研究提供了明确的理论分析框架。

2.1 国内外有关产业创新研究的文献综述

根据创新层次不同，创新可分为产业创新（企业创新）和国家创新。20世纪80年代末，创新研究不断深入，研究视野不断扩大，越来越多的技术经济学家认识到，技术创新不是一个孤立的事件，实际上是与一个国家的特殊性相连的，并开始使用国家创新体系（National System of Innovation）来描述这一情况。近几年，国家创新系统已成为中国创新研究的重点和热点，而产业创新是国家创新系统的有机组成部分。当今，一切发展都源于创新，所有层面的国家竞争都将体现于产业。产业创新是在产业层次上的创新活动，即探讨产业如何通过创新来提高竞争力。

产业创新理论包括产业创新和产业创新系统两大部分，主要起源于对产业革命的研究，是创新理论的一个重要分支，并在对创新理论研究不断深化的过程中发展。然而，产业创新至今没有形成统一的定义，更没有形成独立而完善的理论体系。

2.1.1　国外产业创新理论的研究

美国经济学家熊彼特最先从经济学角度系统地提出创新理论。根据熊彼特的理论，创新就是建立一种新的生产函数，即把从未有过的关于生产要素和生产条件的“新组合”引入经济体系。他指出：“创新是一个内生因素，经济发展也不过是经济体系自身内部具有的创造性所导致的经济活动的一种变动。”熊彼特的创新概念包括五种情况：（1）采用一种新的产品或者赋予产品一种新的特征；（2）采用一种新的生产方法，主要体现为生产过程中采用新的工艺或新的生产组织方式；（3）开辟一处新市场；（4）开辟一项新的原材料或半成品的供给来源；（5）实现一种新的产业组织，如形成一种垄断地位，或打破一种垄断地位。熊彼特还将发明与创新严格区分开来，他认为“只要发明还没有得到实际上的应用，那么在经济上就是不起作用的”[10]。由此可见，创新是指一种生产过程，这种生产过程具有商业目的，是抢占或开辟市场追求经济效益的一种手段。熊彼特所言的创新与当前的“产业化”概念不谋而合。产业化实质上就是生产要素的“新组合”，就是把技术创新成果转化为商品的过程，这也就是产业创新的过程[11]。因此，可以说熊彼特的创新概念与产业创新的内涵是一致的。

熊彼特创新理论的提出，标志着产业创新思想开始萌芽。这些萌芽最早孕育于经济学、管理学的思想体系中，但系统的理论研究较少。直到 20 世纪 60 年代中期，学术界才开始探究创新怎样改变产业结构和竞争力。最早使用“产业创新”的学者是坎宁安（N. J. Cunningham）。1960 年，他在《产业创新》（Industrial Innovation）一文中，讨论了经济周期中“创新”术语的使用、创新现象在普及过程中涉及的困难，分析了产业问题的差异性、绩效标准和产业比较等问题。而第一次系统提出产业创新理论是在 1974 年，以克利斯·弗里曼（Chris Freeman）和罗克·苏特（Luc Soete）合著的《产业创新经济学》（The Economics of Industrial Innovation）的发表为标志。该书对产业创新进行了系统的讨论，认为产业创新包括技术和技能创新、产品创新、流程创新、管理创新（含组织创新）和市场创新。并从历史变迁的角度，对电力、钢铁、化学、合成纤维、电子等许多产业的创新做了实证研究，得到的结论是：产业不同，产业创新的内容也不相同。如化学产业主要是流程创新；仪器仪表产业主要是产品创新。该书同时指出产业创新是一个系统的概念，系统因素是产业创新成功的决定因素[12]。

随着许多学者相继从不同的视角对产业创新进行探讨，关于产业创新的理论和实证研究越来越多，其中道格森（Mark Dodgson）与劳斯韦尔（Roy Rothwell）合著的《创新聚集——产业创新手册》（The Handbook of Industrial Innovation），对不同学科领域的学者关于产业创新理论和实证研究成果的加以整合，代表了产业创新的主流趋势[13]。该书涵盖了经济、技术、部门、区域、企业等多个领域的研究成果。《产业创新经济学》和《创新聚集——产业创新手册》两本著作是产业创新领域的经典之作，从理论分析的角度对产业创新进行了深入探讨，但是分析得不够系统全面。这说明，在世界范围内，产业创新的理论体系还远没有形成。

作为一项应用性很强的理论，产业创新及其管理经历了思想萌芽和实证研究的阶段后，进入 20 世纪 80 年代后期，出现了一个从系统的观点来研究产业创新的新思路。

系统一词，来源于古希腊语，是由部分组成整体的意思。系统论的基本思想方法，就是把所研究和处理的对象，当作一个系统，分析系统的结构和功能，研究系统、要素、环境三者的相互关系和变动的规律性，并利用它们之间的相互关系和规律去控制、管理、改造或创造一个系统，使它的存在与发展合乎人的需要。也就是说，研究系统的目的在于调整系统结构，协调各要素间的关系，使系统达到优化目标。

产业创新具有系统性，这种系统性特征来源于产业并非是孤立的，任何产业都要置身于经济系统中，与经济系统中的各类组成要素发生这样或那样的联系，其中最重要的联系是产业之间的经济技术联系，这也是产业关联理论的核心观点。

具有系统性的产业创新具备整体性、关联性、目的性和功能性、环境适应性、动态性、有序性等所有系统的共同的基本特征。其中：（1）整体性说明以产业为主体的创新活动是由相互依赖的若干部分（包括创新资源的配置部分、创新的转移扩散部分、创新环境部分、产业之间的关系部分等）组成，每个部分可以具有不同的功能，各部分之间存在着有机联系，构成一个综合的整体，并实现一定的功能，因此要充分注意各组成部分或各层次的协调和连接；（2）关联性是指任何产业的创新活动系统中相互关联的部分或部件形成“部件集”，这些部分或部件涉及创新资源的配置、创新的转移扩散、创新环境、产业间关联程度等，“集”中各部分的特性和行为相互制约和相互影响，这种相关性决定了系统的性质和形态；（3）目的性和功能性是指通过创新活动提升产业竞争力，获取超额利润；（4）环境适应性是指一个产业的创新活动和与该产业相关的环境（包括产业内部环境、制度环境、该产业所在区域的创新环境以及与之相关联产业的情况等）之间通常都有物质、能量和信息的交换，外界环境的变化会对该产业创新活动产生影响，并相应地引起各部分相互关系和功能的变化；（5）动态性是指产业创新活动是在开放系统中进行的，与外界环境有物质、能量和信息的交换，一般来讲，产业创新活动的发展是一个有方向性的动态过程；（6）有序性是由于动态演变有某种方向性，因而使产业创新活动具有有序性的特点。一般系统论的一个重要成果是把生物和生命现象的有序性和目的性同系统的结构稳定性联系起来，也就是说，有序能使系统趋于稳定，有目的才能使系统走向期望的稳定系统结构。

从学术发展的角度看，产业层面上的创新系统研究相比于国家层面或者区域层面上的创新系统研究开展得相对较晚。由于“创新是从基础研究到应用研究并进一步发展和实现新工艺和新产品的过程，是复杂的反馈机制和互动关系，涉及科学、技术、学习、生产、政策和需求等方面”（Edquist，1997）[14]，是创新的复杂性使人们开始采用系统论方法从经济层面对创新活动进行分析。最早提出产业创新系统概念的是英国经济学家弗里曼。他认为产业创新是一个系统的概念，系统因素是创新成功的决定因素。其后，波特（Porter）在其创新模型（钻石模型）中，把产业基础纳入创新系统，贯穿了深刻的产业创新系统思想，其实质更接近于通过产业创新提高国家竞争力的产业创新系统[15]。

但是，弗里曼和波特有关产业创新系统的思想尚未形成系统的理论。直到20世纪90年代，马勒尔巴（Malerba）和布雷斯齐（Breschi）等在国家创新系统和技术系统研究的基础上，结合演化论和学习理论，提出了产业创新系统概念（Breschi and Malerba，1997；Malerba，2002），认为产业创新系统包括“一组特定产品构成的系统，其中的一系列部门为这些产品的创造、生产和销售提供了大量的市场和非市场的互动”[16][17]。马勒尔巴（2002）认为，产业创新系统的优点在于能够更好地理解产业部门的边界，参与者和他们的交互作用，学习、创新和生产过程，产业的变动以及企业、国家在不同产业中的表现。此时，产业创新系统才真正成为独立的研究领域。

随着现代信息技术的发展，产业间经济技术联系更加紧密，产业创新正在从更广的视域内趋于系统和综合。20世纪80年代出现的网络合作化技术创新，即由多个企业（在很多情况下也吸收部分研究机构和大学加入）形成的技术合作契约关系。这种在网络内部企业之间以紧密或松散的方式结成共同开发体，针对某一共同感兴趣的技术开发领域进行创新，共享创新成果，以提高网络成员的竞争力[18]，可以被视为是产业创新系统的雏形。此外，近年来，越来越多的研究注意到产业创新的空间背景的重要性，研究突出了“地域生产体系”“产业区”“创新域”和“地区创新网络”等内容（Cooke，Philip，Kevin Morgan，1994）[19]，研究视角也从单个产业的发展转到跨部门或产业内的价值链分工活动的发展；从游离的企业个体转向企业集群；从片面强调培育大集团转向促进不同规模企业形成生命共同体[20]。

虽然国外众多学者从经济竞争、区域发展等多个侧面阐述了产业创新系统的内涵，但国外学术界对产业创新系统的理论和实证研究迄今仍处于探索阶段，尚有许多领域需要进行深入研究。

2.1.2 国内产业创新理论的研究

相对于微观的企业创新和宏观的国家创新研究，中观的产业创新是研究较弱的领域；相对于中观的区域而言，由于区域创新能力强弱、绩效优劣可以用区域政府的制度、区域的文化传承、区域的区位环境等因素来归因，所以关于区域创新的投入、成果的研究都很多。而产业创新的机理更难以把握，因此研究产业创新可以说是更大的挑战。

什么是产业创新？国内一些学者借鉴国外的研究并结合自己的理解提出了不同的观点，具有代表性的观点如表 2.1 所示。

表 2.1　国内有关产业创新的研究概况

代表性著作	主要观点
张耀辉（2002）《产业创新的理论探索》[21]	把产业创新理解为新兴产业的形成过程。认为产业创新是用新的产品和新的技术满足需求，其结果形成了一个崭新的产业。产业创新是行业整体创新，而不是局部的创新，因此，它包括企业技术创新和行业内技术扩散两个过程，只有创新的技术在行业内得到了普及，才实现了产业创新
张耀辉（2002）“产业创新：新经济下的产业升级模式”[22]	对产业创新的路径选择和模式选择做了讨论，指出产业创新以分工创新为主要模式更为合理
陆国庆（2003）“产业创新的动力源和风险分析”[23]	认为产业创新就是企业突破已结构化的产业的约束，运用技术创新、产品创新、市场创新或组合创新等来改变现有产业结构或创造全新产业的过程。产业创新是企业创新战略的核心和最高目标。产业创新是企业技术创新、管理创新、市场创新的系统集成
陆国庆（2002）“产业创新：超越传统创新理论的新范式”[24]	把产业创新分为宏观和微观两个层次，宏观层面的产业创新就是一个国家产业结构转换的能力。微观层面的产业创新就是企业突破已结构化的产业，改变现有产业结构或创造全新产业的过程。产业创新主体是一个多元动态组合结构，其技术开发和市场占有过程体现了 R&D 合作和产业内企业间的分工协作、优势互补。介于企业创新和国家创新体系之间中间层次的产业创新的目的是通过合作创新来提高企业的创新能力，进而提高特定产业的全体竞争力
罗积争、吴解生（2005）“产业创新：从企业创新到国家创新之间的桥梁”[25]	认为产业创新一般指特定产业在成长过程中或在激烈的国际竞争环境中，几个大型企业主动联手开展研发活动或单个技术领先企业通过技术扩散进而实现产业内的共同创新。与陆国庆观点一致，他们同样认为产业创新是企业创新的最高层次和归属。不过这个界定强调了产业创新是在竞争环境中发生的，强调了产业内部分企业在产业创新中的地位和作用，认为产业创新是包含多方面因素的系统集成

续表

代表性著作	主要观点
管丰顺等（2004）“产业创新原理及管理原则”[26]	认为产业创新指的是产业创新主体（政府、企业等）通过制度创新、技术创新、组织创新、环境创新和组合创新，充分利用社会资源和能力，培育新兴产业，或使得原有产业在一定区域内处于领先地位或使其获得突破性的发展，从而促使产业发展实现质的飞跃的创新活动。强调了技术创新在产业创新中的重要地位，并认为产业创新的主体除了企业外，重要的还有政府，创新的结果是培育了新兴产业或使产业发展实现了质的飞跃
管丰顺、徐广文等（2005）《产业创新理论研究与实证分析》[27]	提出产业创新是指产业创新系统中的政府、企业等核心要素和高校、研发机构、中介机构、金融机构等环境要素，通过技术创新、制度创新的组合创新，对特定产业、产业链、产业群实施创新活动，实现产业组织、产业结构、产业布局等的质的改变和量的提高。这样把产业创新主体从政府和企业拓宽到了包括政府、企业等核心要素外的环境要素，进而更清晰地描述了产业创新的表现有特定产业的创新、产业链的创新、产业群的创新等，结果反映为产业组织、产业结构和产业布局等的质和量的提高
李翔（2006）“中国产业创新的瓶颈分析与制度安排”[28]	从制度的重构和再造角度讨论产业创新。指出低技术陷阱、投机陷阱和依赖陷阱构成了产业创新的最大“瓶颈”，而创新动力不足的根源在于现行制度的缺失和机制的不健全。因此，从建立健全促进人力资源和人力资本开发的保障机制和激励机制、构建推动产业创新的宏观调控机制和社会协调机制以及构建促进产业创新的社会激励机制三个方面提出加快产业创新的对策
石奇（2006）“产业创新全球化：问题、理论与区域整合”[29]	从价值链视角阐述产业创新，认为“产业创新是产业由低技术水平、低附加价值状态向高技术、高附加价值状态演变的过程”。产业创新层次和前景与嵌入的全球价值链的不同类型有关，不同的全球价值链治理模式对于发展中国家的制造商（或供应商）有着不同的创新含义。主要研究准层级型、网络型（含模块型）以及市场型这几种全球价值链治理模式下的产业创新以及在全球价值链下组织产业创新需要转变观念
汪秀婷（2007）“国外产业创新模式对中国产业创新的借鉴”[30]	归纳了国外产业创新的4种主要模式，即技术推动模式、政策拉动模式、企业联动模式和环境驱动模式，并借鉴国外产业创新的模式，提出了中国产业的技术创新是根本，需要多维主体协同推进；产业的制度创新是保证，需要上下协调系统实施；产业的环境创新是有力保障，需要全面配套综合推进的产业创新观点

国内关于产业创新系统的研究始于1999年①，是建立在产业创新理论和

① 张凤，何传启．国家创新系统——第二次现代化的发动机［M］．北京：高等教育出版社，1999.

实践研究的基础上，产业创新系统作为国家创新系统的子系统[31]，是国家创新系统的重要组成部分。

经过国内学者的多年研究，产业创新系统学说不仅在理论研究方面不断完善、深入，还出现了许多与特定产业相结合的实证研究，其中比较有代表性的文献如表 2.2 所示。

表 2.2 国内有关产业创新系统的研究概况

代表性著作	主要观点
张治河（2003）“面向‘中国光谷’的产业创新系统研究”[32][33]	认为产业创新系统是以市场需求为动力，以政策调控为导向，以良好的国内外环境为保障，以创新性技术供给为核心，以实现特定产业创新为目标的网络体系；同时构建了产业创新系统模型，包括产业创新技术系统、产业创新政策系统、产业创新环境系统和产业创新评价系统四个子系统，并以“中国光谷”为例进行了实证研究
李春艳、刘力臻（2007）“产业创新系统生成机理与结构模型”[34]	认为产业创新系统在创新体系中具有承上启下的作用，它是联结企业创新系统和国家创新系统之间的桥梁。通过分析技术创新的动力机制及条件探析了产业创新系统的形成机理，给出了产业创新系统的结构与模型
李锐、鞠晓峰（2009）“产业创新系统的自组织进化机制及动力模型”[35]	从复杂系统理论角度分析产业创新系统具有自组织特性，探讨了其自组织进化机制，并结合演化经济学理论和系统动力学研究方法，构建了产业创新系统自组织进化的动力模型
杜义飞等（2007）“产业创新的价值结构研究——中国发电设备制造业产业创新分析”[36]	从价值二维关系和价值结构研究产业创新，探讨企业的创新战略及其协调促进产业价值结构组织形成、稳定、发展的机理，并以中国发电设备制造业为例，应用产业创新价值结构的方法分析其现状和制约因素，并提出其产业创新的策略
王明明等（2009）“产业创新系统模型的构建研究——以中国石化产业创新系统模型为例”[37]	通过对国内外学者构建的不同具体产业创新系统理论模型的研究分析，提出在构建具体产业创新系统结构模型时应考虑的相关要点，并以构建中国石化产业创新系统结构模型为例，阐述了具体产业创新系统的构建

2.1.3 对国内外产业创新理论研究的评价

综上所述，国内外有关产业创新的研究分别从不同的视角，给出了不同的产业创新定义，但基本围绕两个方面来阐述：从狭义上讲，产业创新指的是以技术创新为核心，创新主体之间通过协同作用，实现技术的创造发明和产业化应用，从而实现产业突破性的进步、企业竞争力的大幅提升。从广义来看，产业创新指的是产业创新主体（政府、企业等）通过制度创新、技术创新、组织创新、环境创新和组合创新，充分利用社会资源和能力，培育新兴产业，或使得原有产业在一定区域内处于领先地位；或使其获得突破性的发展，从而促使产业发展实现质的飞跃的创新活动。

关于产业创新系统的研究，国际上是以演化理论为基础的，侧重于从经济学角度进行理论分析。但是，产业创新系统应该是一种管理工具，应偏于管理而非经济，中国对于产业创新系统的研究则侧重于管理，从系统管理的角度对其进行了研究。但从笔者现在掌握的文献看来，国内外产业创新系统研究基本还处于起步阶段，尚未建立起完整的理论体系；缺乏对产业创新系统的运行及其对社会经济的影响的深入分析；在研究方法上，以定性研究为主，系统化、规范化的定量分析尚不多见。

2.1.4 产业创新的特性

创新研究在宏观层面上有国家创新系统的研究，微观层面上有企业创新的研究。产业创新是对旧产业结构的创造性破坏。创新理论的奠基人熊彼特把创新比作生物遗传上的突变。按照熊彼特的理论，可以把产业创新看作是产业结构不断演化而突变的过程（陆国庆，2003）。对国家创新系统的研究包括重视技术创新的国家制度因素、具体的社会制度与文化背景、强调要素（即各种组织机构）及其相互作用的分析两个方面。企业创新是指以企业为主体而实施的创新行为。因此狭义的企业创新一般是指企业的技术创新；广义的企业创新除企业的技术创新外，还包括管理创新、制度创新等多方面内容。产业创新研究是介于宏观的国家创新系统和微观的企业创新之间的中观创新系统，相对于企业创新、国家创新、自主创新、技术创新等创新研究领域而言，产业创新是研究较弱的领域。对产业创新特性的把握首先建立在对产业创新概念的界定，其次通过对比产业创新与国家创新、企业创新的异同来完成的。

相对于企业创新和国家创新，产业创新的主体、创新的目的和动力、创新的作用和结果、创新的实施途径以及创新的风险和效率都是不同的，三者之间的区别如表 2.3 所示。

表 2.3　　产业创新与企业创新和国家创新的区别

创新领域	产业创新	企业创新	国家创新
主体	多元组合联合体	企业为主	政府为主
创新目的	产业整体竞争力	创新利润	提高综合国力
动力	社会收益率（利润）	私人收益率（利润）	社会收益率（国家目标）
技术变化规模	重大创新	渐进式创新	技术生产体系创新
机制	需求与推动综合型	市场需求型	科技推动型
产业发展时期	产业成长期	产业成熟期	产业衰退期

2.1.5 产业创新的影响因素

产业创新系统的要素主要包括主体要素、功能要素、环境要素、联接要素。主体要素包括企业、研究机构、教育培训机构、政府等。功能要素主要包括产业技术系统、产业创新政策系统、产业创新评价系统。环境要素主要指文化环境和相应的基础设施。联接要素主要指联系各行为主体的中介机构，包括与资金、信息和企业文化有关的，能将那些要素与要素、要素与环境等联接起来的媒介或纽带。联接要素也是当今技术创新的必要条件[38]。

归纳起来，产业创新的主要影响因素既有外部因素也有内部因素，外部因素如政府政策、空间集聚效应，内部因素如未来需求的不确定性、技术创新能力、人才储备的制约等。

1. 技术创新能力

技术创新是经济增长的主要驱动力，技术创新能力直接提高企业、产业、区域以及国家等各个层面的竞争力。无论是发达国家还是发展中国家，技术创新能力都被视为经济增长的主要贡献力量和产业成功的显著因素。

2. 空间集聚效应

空间集聚利于创新的基本假设是地理距离影响知识的获得与传播，企业创新更依赖于本地联系。伦德瓦尔和麦勒特分别从知识与交流的角度和资源角度分析了这一问题，在研究社会资本与创新的关系时指出，良好的区域社会资本有助于企业获取和组合创新资源，从而提高创新的效率。而产业集群作为特殊的空间集聚形式，为产业创新提供了良好的基础。在产业集群中，企业之间由于频繁的交往和经常性的合作，产生了面对面的观察与学习的便利性，一项技术创新很容易通过技术转让与模仿在集群内扩散，并促进渐进性的技术创新不断发生，形成强大的挤压效应。中国学者于树江等的实证研究结果也证明了创新主体间的空间集聚有利于区域产业的创新[39]。

3. 未来需求的不确定性

一方面，需求是产业创新的思想来源和动力源泉，当前的产业中企业的创新活动决定着该产业在未来市场中的地位，这种地位又是由未来不确定性的需求所决定的，这种潜在的需求的不确定性决定了企业的产业创新方向以及创新的风险程度。而另一方面，未来需求又是主动创新的结果。因此，一个具有前瞻性的企业应该努力探寻潜在的、顾客无法表达出来的需求，从而导致产业创新。

4. 人才储备的制约

产业创新是企业技术创新、管理创新、市场创新的系统集成，在这个系统中，每一个环节都离不开人的作用，产业创新形成之后，新的产业将会诞生，从而产生越来越多的就业岗位，因此无论从产业创新的过程或是结果而言，均应该把人才提高到一个战略的高度上。有学者在分析中国产业创新的“瓶颈”时，就指出低廉的劳动力价格是中国成为制造大国的优势，但这一优势却产生了逆向淘汰，使企业丧失了培养技术人才的动力以及对技术人才的吸引力，从而落入了“低技术陷阱”而难以自拔。在技术创新过程中，特别是自主创新类型的技术创新，人才因素是决定性的因素。

5. 政府及其政策

政府及其政策是影响产业创新的一个关键因素。产业创新是连接企业创新和国家创新之间的桥梁。因此，国家在政策上应该为企业的产业创新营造更广阔的空间，努力为产业发展提供更加便利的条件。另外，在推动产业创新的过程中，政府还应发挥“牵头人”的作用，建立一个政府引导、市场主导、技术供给和需求双向互动，官产学研结合，科技链与产业链联动的高新技术创新模式[40]。

以上是在对国内外有关产业创新理论进行梳理的基础上，对比产业创新与企业创新和国家创新，归纳了产业创新的特性，并提炼出影响产业创新的主要因素。综合上述内容，本研究认为产业创新是一个系统概念，系统因素是产业创新成功的决定性因素，同时产业创新是连接企业创新和国家创新的桥梁。可以说，产业创新是以产业内若干企业联合起来对关键技术的研发，以技术创新为突破口，协调组织、市场、制度等因素，最终提升产业整体竞争力。

2.2　能力管理理论与产业技术创新

2.2.1　动态能力理论

资源基础观（Resource-based View）认为，拥有有价值的、稀缺的、不可替代以及不可模仿的资源的企业能够获得持续竞争优势，因而能够获得超额报酬[41～43]。随着研究的深入，人们发现并非所有资源都可以成为企业竞争优势的源泉，只有隐藏在资源背后的企业配置开发、保护和使用的能力才是企业竞争优势的深层来源，在探求企业竞争优势本源的过程中，企业竞争优势的根源由具体的资源变成抽象的能力，由此产生企业能力基础理论。塞尔兹尼克（Selznick，1957）在描述领导能力时首次提出了“独特能力”这一概念。普拉哈拉德和哈梅尔（Prahalad and Hamel，1990）提出“核心能力”一词标志着能力理论发展到一个新的阶段。普拉哈拉德和哈梅尔对核心能力的定义是“组织的集体学识，特别是学习如何协调多种多样的生产技能并如何整合多重技术流的知识”[44]，强调了企业的内部能力尤其是核心能力是企业竞争优势的来源。但企业核心能力具有很强的刚性，核心能力仅仅是特定时间、特定地点的产物，核心能力的僵化是企业基业不能常青的重要根源所在。

如何使企业的核心能力随着技术和市场环境的变化而不断更替？蒂斯、皮萨诺和苏安（Teece，Pisano and Shuen，1997）将演化经济学的企业模型与“资源观”结合起来，提出了一个“动态能力”战略观的框架。所谓的动态能力是指公司整合、建立和再构造内部与外部能力以适应快速变化的环境的能力，同时也是不断更新竞争力的能力（Teece，Pisano，Shuen，1997）[45]。这个框架强调了以前的战略观所忽略的两个关键方面：第一，“动态”是指为适应不断变化的市场环境，企业必须具有不断自我更新的能力；第二，“能力”是指战略管理在更新自身能力（整合、重构内外部组织技能、资源）以满足环境变化的要求方面具有关键的作用。动态能力观认为，动态能力的内涵取决于市场机制，市场动态包括稳定性市场与高度变化的市场（Eisenhardt，Martin，2000）[46]。市场机制对动态能力的影响主要体现在：（1）动态能力的稳定性将随着市场动态性的增强而减弱；（2）动态能力的特点将随着市场动态性增强而变化，更加难以获得和保持；（3）动态能力的偶然性和模糊性将会随着市场动态性增强而变化。也就是说，在适度动态环境下因动态能力的复杂性和难以观测性而呈现模糊状态，而在高度动态市场中却因动态能力的简单性而呈现出模糊性。能力（capabilities）表现为合适地采用、整合、建立和再结构内部组织技能与外部环境资源的能力，使之符合在高度变动环境下的需求的战略管理方法。

动态能力使企业具有创造新的产品与程序以响应变动市场情况的能力，同时比竞争者更能应对变动、不确定的市场环境，并通过这样的能力来维持竞争优势并增加在市场上的价值。相对于企业动态能力的培养，产业动态能力的培养显得更为重要，因为它能够升级并重构产业的核心能力以适应日益变化的市场来获得并维持持续竞争优势，这是产业对市场动态性的反应[47]。同时，产业优势地位的提升和产业竞争力的提高都会影响区域或国家竞争力。

2.2.2　动态能力的技术创新战略

产业技术创新与“动态能力”的思想是吻合的。首先，企业的成长越来越依靠技术创新，但技术创新本身的高风险使企业也面临巨大的压力，一旦技术创新工作失败和滞后会给企业带来沉重的负担。应该说技术创新本身是不确定的、有高度风险的，但由于产业技术创新是以产业技术的整体发展为目标，它以原产业间的相互依存关系为基础，从而降低创新风险。同时，在产业技术创新活动中，企业技术创新目标被统一起来，技术创新工作得到了整体的部署，克服了企业技术创新的盲目性，减少了技术创新的不确定性。其次，“动态能力”的流程中最重要的是整合和学习，技术创新战略需要将整合和学习两者结合。整合是管理的主要任务，能力的动态性其实是通过学习来达到的。创新能力整合需要从资源利用的角度扩大整合的范围，在价值链上与供应商、用户整合，与竞争对手进行整合，在国家创新系统中与科研院所、大学、中介机构、金融机构进行整合。通过外部的整合，扩大企业技术创新的资源；技术创新学习是企业在变化的复杂环境中生存和成功的核心，也是动态能力所特别关注的。创新中的有效学习需要在决策和实施之间（即在分析与行动之间）进行反馈，学习的目的是不断积累知识。把学习分为内部学习和外部学习，用户、供应商、竞争对手、创新网络都是学习的对象。

根据蒂斯等的观点，企业的战略维度包括地位、流程和有关战略知识资产的路径，动态能力能使企业创造新的产品和流程，对市场环境变化作出快速反应（Teece and Pisano，1994）。地位和流程使知识在企业内部积累和流动，而路径指的是企业能够觉察到的机会，同时路径依赖又限制了选择的自由。但是，鉴于每个企业每个行业都有其特殊性，对创新战略的定义是困难的。为此，陈铁军（2004）[48]基于动态能力理论提出把技术创新战略建立在流程、地位和路径三个要素之上。这样企业在利用动态能力分析框架对技术创新进行战略分析时，可以知道企业技术创新的地位、路径、流程，明确企业所处的外部环境、竞争态势、内部技术创新能力、创新的历史轨迹和潜在机会等，再结合整体发展战略，清晰地确定企业的技术创新战略目标，依据所确定的技术创新战略部署资源，进行战略实施，不断创造企业的竞争优势，提升技术创新能力。

上述基于动态能力分析框架对技术创新战略所进行的分析，研究对象是企业。本书借鉴这一分析框架，在研究产业创新问题时同样需要明确产业所处的外部环境、竞争态势、产业的技术创新能力，同时还要关注产业在经济系统中的地位，结合优化产业结构的目标，在增强产业竞争力的同时，增强产业结构的转化能力，提升整个产业系统的技术水平。

2.3 产业关联理论

产业关联理论又称投入产出理论，主要研究存在于社会经济活动过程中各产业之间的广泛的、复杂的和密切的技术经济联系。产业间的技术联系在于，当产业 A 的生产技术进步后，由于中间产品的纽带作用，与产业 A 相关联的其他产业的生产技术必然会受其影响，并随之发生改变，其结果是相关产业的物耗水平下降或劳动生产率提高。产业间的经济联系在于，产业 A 进行生产时，需要与之相关联的其他产业的中间产品作为生产的投入要素，这种产业间的供给与需求关系确定了产业间的经济联系。正是由于这种错综复杂的技术、经济联系，各产业才得以在经济活动过程中生存和发展。

这一理论早在 17 世纪古典经济学中就已经萌芽，古典经济学的先驱威廉·配第及其同时代的学者们提出的一系列观点中包括把生产看成是一种循环流，不同经济部门间生产中的相互联系，以及社会剩余的观点。之后的法国重农学派的创始人魁奈于 1758 年发表的《经济表》，进一步发展了这一思想，即把生产看成是一个循环过程，以经济剩余的形成为核心，来描绘再生产过程。而马克思批判地吸收了古典经济学，创立了剩余价值学说，并且在魁奈《经济表》的启发下形成了自己的再生产理论，建立了简单再生产和扩大再生产的图式和平衡条件。正式的产业关联理论产生于 1941 年列昂惕夫的著作《美国的经济结构 1919～1929》，其中系统阐述了投入产出理论的基本原理及发展，从而形成了“把一个复杂经济体系中各部门之间的相互依存关系系统地数量化的方法”。

2.3.1　产业关联的内容

现代经济社会中的各产业部门实际上是一种相互联系、相互依存的产业群体，各产业（部门）之间存在着必然的内在联系和外在联系。各产业从事经济活动时都需要其他产业为自己提供一定的产出，以作为本产业的中间要素投入。与此同时也将自身的产出作为一种要素输出，满足其他产业对中间要素的需求。一个产业在生产过程中与其他产业的联系是多方面的，可能是技术方面的，也可能是产品或服务方面的，这些方面的联系构成了产业关联的内容。从形式上来看，产业关联主要包括以下内容：

（1）产业间产品或服务关联，即在社会再生产过程中，关联的产业相互间提供产品或服务。产业间产品或服务关联不仅表现在数量上，而且表现在质量和技术上，当一个产业产品的质量或技术发生变化时，会引起其他相关产业产品的质量或技术发生相应的变化。

（2）产业间就业关联，一个社会劳动力总资源是有限的，有限的劳动力资源在不同产业间分配就构成产业间就业关联。产业间就业关联具有动态性，其主要表现是：第一，产业的发展会促进与它具有较高关联度的产业的发展，使这些产业的就业人员增加，就业结构发生变化，给这些产业带来新的就业机会；第二，产业人力资源素质的提高，表现为该产业经营质量、产品和服务质量的提高，行业市场的扩大和竞争力的增强，这种变化必然要求与之相关联的产业在人力素质上相应地提高，以满足与该产业有前向、后向关联的产业在人力资源变化和发展方面的均衡。

（3）产业间技术关联，产业间的内在联系的核心表现为技术关联，而技术关联内在表现为产业（部门）间的产品链上的供求关系，外在表现为商品的交换关系[49]。在现代经济中，任何一个产业、部门都不可能独立生产所需要的全部生产资料和生活资料，都必须通过它们的产品供给系统从其他部门获得原材料、能源和基础设施等，而依靠哪些部门供给哪些生产资料、供给何种质量、数量和性能的生产资料都是它所应用的生产技术体系来决定的，这种决定不同部门之间发生联系的内在因素是技术。在商品社会里这种技术关联表现为外在的商品交易关系。商品交换是在需要的基础上产生的，而需要的前提是使用价值，也就是说，参与交换的商品必须具有使用价值。在生产领域，使用价值是由生产技术决定的。可以说，使不同产品发生联系的根本原因还是技术。另外，产业间技术经济联系不是一成不变的，它随着技术进步而发生变化。当某一产业发生技术进步，使物耗水平下降或劳动生产率提高，实现产品生产成本的下降，必然带动相关产业产品生产成本的下降。

（4）产业间价格关联，是产业间技术经济联系的价值表现形式，实质上是产业间产品和服务关联的货币表示。在现实经济社会中，产业间的产品和服务的投入产出关联，是以货币为媒介的等价交换关系。特定产业由于经营方式、技术条件、管理手段等方面的改善，其产品和服务价格更具有市场竞争力，将直接导致与其具有后向关联产业的原材料价格降低，使这些产业具有降低成本的潜力，这种关联效应连续下去，就会使相关产业的产业竞争力加强，从而加大产业发展的潜力。

（5）产业间投资关联，投资不仅是需求的构成因素，而且会提高生产能力。随着产业生产能力的提高，由于产业关联的作用，会导致相关联的产业增加投资，扩大其生产能力，保持产业间的均衡。

2.3.2 产业技术关联理论

按照不同的分类方法可以得到不同的产业关联分类。例如，按照产业间供给与需求联系分类，可将产业关联分为前向关联、后向关联、环向关联；按照产业间技术工艺的方向分类，产业关联可以分为单向关联和双向关联；按产业关联的技术经济性质分类，产业关联可分为产业技术关联和产业交换关联。而产业间技术关联是由产品的生产技术决定的，是产业间技术经济联系的基础，其他各种类型的产业关联方式都是建立在产业间技术关联的基础上。按产业关联的技术经济性质对产业关联进行分类，揭示了产业关联的实质内容，因此，下面单独论述有关产业技术关联的理论与方法。

2.3.2.1 产业技术关联的概念及内涵研究

关于产业关联的研究已经比较丰富和成熟，然而究竟什么是产业技术关联，从现有的经济学文献中看，迄今尚未有一个直接的、权威的定义。首先，从关联的角度看，技术具有技术的结构特性和技术的隐含特性两种基本特性。技术的结构特性说明了技术从结构上看具有很强的系统性。技术的这种特性可以从系统科学的角度理解。一般系统论的代表人物贝塔朗菲将系统定义为相互作用的诸元素的复合体，强调多元性和相关性是系统概论最基本的规定性（L. 贝塔朗菲，1987）[50]。由于技术具有很强的目的性、整体性、多元性和相关性，我们可以把技术看成是一个复杂而又精密的系统。而且，由于现代技术的表现形式日趋复杂，企业为了保持技术上的竞争优势，倾向于将核心技术隐蔽化，这体现了技术的隐含性或模糊性特征。例如，信息技术被嵌入许多产品和服务中，并且常隐含在产品和服务中的某些部件或程序中[51]。技术的隐含性一方面降低了技术的外部性，另一方面却增强了不同技术之间的关联性。由于技术的隐含性，使得技术的学习和获取变得困难，进而减弱了其外部性，但是不同领域内的技术既可能通过物化形式内嵌到实物中，也可能以缄默式的非物化技术形式连带隐含于有关文献或知识体系当中。无论是哪种情况，它们之间的技术关联性都得到了加强。

弗里曼和苏特（2004）从技术的系统性以及信息技术的作用出发，探讨了技术系统的关联性及其对发展中国家的意义[52]。他们指出：“发展不只是指个别产品的成功，而是要在进化中建立起相关的技术系统，由此实现自主持续发展的能力……这种技术经济范例的‘生命周期’是由一套相互关联的技术体系组成的。”另外，由于信息技术的影响，大部分技术体系发生了彻底变化，包括夕阳产业的复兴、新产品和新工业的发展、基于其他相关知识的新技术系统的兴起等。

下面根据研究的立足点将有代表性的技术关联的研究概括如表 2.4 所示。

表 2.4　　有关技术关联的研究立足点及主要代表文献

立足点	基本观点	代表论文	评价
基于技术采用的角度	技术关联是“组织整合在不同时点所采用的技术以产生综效的可能性”。具体而言就是，在高技术关联性的情境下，组织过去投资所积累的技术若与新技术兼容，潜在的综效可能促使组织积极应用新技术（即技术积累）。反之，组织过去所投资的技术若与新技术不兼容，因缺乏综效，组织可能缺乏采用新技术的积极性（即技术负担）	弗兰克尔（Frankel，1955）在《美国经济评论》上发表的论文“成熟经济中的技术落伍和技术演变”一文[53]。 陈禹辰和李昌雄（2000）针对台湾企业采用互联网保守行为，提出了基于技术关联的解释[54]	该观点主要考虑了市场对技术演变的反应；其核心要义在于新旧技术之间的关联是制约企业采用新技术的重要因素之一，旧的技术体系一旦获得大规模应用，往往具有锁定（Lock-in）效应
基于技术系统的角度	由于外部性和互补性，一个范围宽广的技术系统中每个部件的特征和运行都影响着其他部件的特征和运行。其动态作用过程表现为：新技术在特定产业中的扩散以及该产业价格的降低刺激了需求，该产业逐渐形成规模经济，随着该产业的成长，那些为其提供专用投入要素的上游产业也将从学习经济和规模经济中受益；而相关的下游产业则限制了消费者可能采用的技术组合。同时，新技术需要与旧技术相兼容，否则就必须变革整个技术系统才能为市场接受	安东内利（Antonelli，1993）以电信网络为例，分析了技术关联对于技术系统组件运行演变的效应[55]。 李纪珍（2003）从产业共性技术的角度探讨了技术关联问题，认为技术的关联性与技术的“网络延伸性”、技术“采用的递增收益”以及技术的交融、同质特性密切相关[56]	这两个角度主要是从技术自身的内在特性出发，探讨不同技术之间的相互影响规律
基于组织分工与交易的角度	知识经济下，交易和协作活动具有技术关联性，技术关联性是一个既体现交易费用又体现生产性技能与知识积累的概念范畴，并探讨了不同的技术知识特质对组织创新的影响	孔茨和韦里克（1998）[57]、蒂斯（1996）指出了技术发展与变动的 7 个特性，以探讨不同的技术知识特质对组织创新的影响[58]	

上述各种讨论更多的是从产业更新的角度研究技术关联，没有涉及如何利用产业间的技术关联提高产业及产业整体的技术创新水平以及利用先进产业的技术推动产业结构优化升级。

通过以上对技术关联特性、内涵的讨论，本研究认为，产业技术关联是指生产过程中不同行业（产业）之间的技术具有相互影响、相互补充的关联性。这种技术关联主要体现在四个方面：（1）具有技术关联性的产业系统中，一个产业进行技术创新时，对相关的行业内的企业具有技术创新的需求，以支持自身的技术创新活动。（2）一个产业的技术创新带来的收益将会以某种利润驱动形式促进相关产业对技术创新的投入。（3）一个产业技术创新对相关产业内的企业技术创新有很大的启示和促进作用，从而使得相关产业的技术创新更容易实现。（4）技术扩散与技术关联构成的技术创新扩散网络会从整体上促进产业链的技术创新能力，形成相关产业的协同创新[59]。

2.3.2.2　产业技术关联的描述

产业技术关联是由产品的生产技术所决定的产业间技术经济联系。具有技术经济联系的相关产业的技术关联表现在，当某一产业物耗水平下降或劳动生产率提高，使该产业产品生产成本下降，必然带动相关产业的生产成本下降，这在技术矩阵中的反映是，直接消耗系数的比值下降。根据技术关联这一性质，人们应用技术矩阵中直接消耗系数的相对水平来描述整个经济的产业技术关联水平。

直接消耗系数是指产业 j 生产单位产品所消耗的产业 i 的产品的量，其计算公式为：

$$a_{ij} = \frac{x_{ij}}{x_j} \quad i, \ j = 1, \ 2, \ \cdots, \ n \tag{2.1}$$

其中，x_{ij}是投入产出表中第 i 行第 j 列的元素，表示投入产业 j 的产业 i 的产品的数量；x_j 表示产业 j 的总产量。在其他条件不变的情况下，如果产业 j 技术水平高，则生产单位产品消耗产业 i 的产品少，直接消耗系数 a_{ij}就小；反之则大。因此，直接消耗系数的大小在一定程度反映了产业技术关联水平。全体直接消耗系数构成了直接消耗系数矩阵或技术矩阵，它是产业技术关联水平的度量指标。一般来说，不同的国家或地区在经济发展相同阶段，若技术水高，则 a_{ij}就小；若技术水平低，则 a_{ij}就大。

此外，从各产业间劳动生产率水平的角度也可以反映产业技术关联。相对劳动生产率是指某一产业的劳动生产率与整个经济的平均劳动生产率的比率，即：

$$CR_i = \frac{R_i}{R_n} \tag{2.2}$$

其中，CR_i 表示产业 i 的相对劳动生产率，R_i 表示产业 i 的劳动生产率，R_n 表示整个经济的平均劳动生产率，产业 i 劳动生产率是指产业 i 的国内生产总值（GDP）与劳动人数之比。

根据库兹涅茨的研究结果可知，各产业间的相对劳动生产率存在一定差异，但是，随着经济的发展，产业间相对劳动生产率差异有缩小的趋势[60]。

2.4 产业网络理论

2.4.1 产业网络的内涵

随着世界市场的形成，计算机技术和网络技术的发展运用，企业的生产经营活动突破了企业系统自身的边界，而以产业网络（industrial network）为大系统来组织生产经营，这里的产业网络是指一群各自拥有独特资源，也相互依赖对方资源的企业组织以及学术机构、中介机构、政府组织等，通过经济、社会等关系，凭借专业分工和资源互补，在要素投入、生产制造和技术合作等方面进行互动，长期所形成的正式或非正式的互惠往来关系。它是一种介于市场与企业之间的资源配置方式[61]。这种方式已成为新经济条件下企业的普遍选择，各个企业立足自身资源，选择产品生产价值链中或产业生态群中最能发挥自身优势的生产或服务环节，达到产业合理分工和效益最大化。

关于产业网络的研究，国外已有很多的研究成果。哈坎松（Hakansson，1992）最早研究了产业网络的演化过程[62]；刘易斯·阿诺舟等（Luis Araujo et al.，1997）提出了产业网络的演化模型，在此基础上，维尔肯森（Wilkinson，2000）又提出了产业网络变化的动态结构模型[63]；卡罗斯·默罗·布瑞托（Carlos Melo Brito，2001）研究了产业网络的动态组织结构理论[64]；克瑞斯特·卡尔森（Christer Karlsson，2003）从管理角度研究了产业网络的发展等[65]。这些研究多数以产业网络的三个要素为基础和出发点，认为产业网络由三大要素构成：行动主体、行动和资源（Hakansson and Snehota，1995；Welch and Wilkinson，2000）[66]。行动主体不仅包括生产商、批发商、运输商、零售商、消费者、经纪人等，而且包括政府、中介组织机构、教育和培训组织等；行动是指行动主体在市场中进行各种经济活动的总称，主要是指行动主体之间进行物质资源和信息资源流动的过程，在交换过程中伴随着产品价值的增值与价值链的形成；资源包括物质资源（机械设备、原动的过程，原材料等）、金融资产、人力资源和信息资源等，在更广泛的意义上，行动主体之间的关系也形成一种资源（Gadde et al.，2003）。

产业网络的三个要素之间是相互联系、缺一不可的，而且它们自身也形成网络。一般来说，行动主体是完成行动和控制资源的主体，它们通过行动和利用资源发展相互关系，构成网络；行动是行动主体用不同的方式将一种资源变换成另外一些资源的行为，是行动主体交换资源的表现形式；而资源则是行动主体完成行动的媒介，行动主体行动的目的就是转换资源。

在国内，许多学者将产业网络定义为企业网络，如陈守明（2002）[67]认为企业网络由一组自主独立而又相互关联的企业，依据专业化分工和协作建立起来的一种具有长期性的、有指向的、企业间的组织联合体。李小建（2003）[68]认为，企业网络是指在地理上相对集中的、以企业为中心的地方经济行为主体，包括大学、科研机构、市场中介组织、政府、金融机构、公众等之间一切相互联系的综合。盖翊中（2004）综合前面学者的观点，将产业网络定义为，一群各自拥有独特资源，也相互依赖对方资源的企业组织以及学术机构、中介机构、政府组织等，通过血缘、地缘、人际关系以及资本往来等社会关系，凭借专业分工和资源互补，在要素投入、生产制造和销售管理等方面进行互动，长期所形成的正式或非正式的互惠性往来关系。

2.4.2　产业网络与知识获取及技术创新、扩散的相关理论

一个创新的出现，如新知识、新技术或新管理方法的发现，常常表现为一个单独事件的出现。创新的出现，必然引起其扩散，而扩散常常显示出一个连续的并且慢速的过程，创新的扩散最终决定经济发展的步伐和生产率的

变化速度。当一个创新被许多采用者所使用，它才能对社会有贡献，可见，创新的真正意义和价值，不在于创新本身而在于创新的扩散[69]。

产业网络的形成主要在于其网络特性，与产业集群所强调集群的范围经济和规模经济以及由于企业集聚而形成的本地化社会网络不同，产业网络的形成是可以跨越有限的地理空间的。产业网络具有三个特性：第一，共生性即产业网络内企业间关系的建立是基于竞争能力的要求，企业组织在生产过程中形成了核心竞争力，但无法完备补充竞争能力（诸如合作创新能力），这就需要通过关联的网络组织实现竞争能力的补充，完善产品的市场竞争力。第二，产业边界与企业边界模糊化，产业网络的介入，使原先的企业内部非网络化和网络化组织与企业外部市场的网络化和非网络化结构相互联接，这模糊了原有的企业间的界限。同时，产业网络在形成过程中的不同机理通常使网络不能处于饱和状态，加之市场空间中还存在着一些游离于网络化组织和网络化市场之外的中间形态，如企业联盟等，这为产业网络的扩张和裂变提供了条件。第三，混合治理结构，产业网络超越了传统组织的有形界限，形成跨企业边界的组织构架。由信息技术支持的产业网络单元之间点到点联系使企业的边界被打破，地域界限被模糊。它侧重于利用企业外部的“共享资源”，从而淡化了企业与其外部环境的界限[70]。

因此，从知识获取的角度来看，产业网络所具有的这种共生性、开放性不但提供了网络内不同节点互动的平台，加快了组织间信息流通和学习速度，而且还可以利用企业外部的“共享资源”，使得现有的产业网络发生扩张和裂变。当然，知识、创新在产业网络上扩散也是有条件的，受到扩散规则和网络拓扑结构的影响。李守伟等（2007）[71]通过对“长三角”地区的集成电路（IC）企业关联性的调查和分析发现，产业网络是具有无标度特性和小世界特性的复杂网络，并得出如下重要结论：由于产业网络是一个无标度网络，使得创新非常易于在产业网络上扩散，且每个企业的创新对整个产业的影响各不相同；产业网络是小世界网络，使得创新扩散的平均路径较短，从而可以波及整个产业；产业网络的集聚系数高，使得创新被最大限度地分享。

综合上述研究成果发现，国内外学者对产业网络的研究视角主要是微观活动主体——企业、政府组织、科研机构、市场中介组织等之间的网络关系，关注的是特定产业内活动主体的相互关系。这种网络关系有利于产业内活动主体之间的知识（包括观念、技术、信息等）交流与合作创新，而对于产业之间知识流动、创新传导却是作用有限。如果结合前面讨论的产业创新理论、产业技术关联理论，本研究认为产业网络的经济主体可以提升到中观层次——产业上来进行讨论。这种更为广阔的产业网络的活动主体主要是创新表现活跃的产业，这些产业拥有的独特资源就是具有很强的创新能力，通过产业间的经济技术关联，使得这种创新能力传导给相关产业，同时充分利用各种社会资源和能力。

这种以创新主体为核心的产业网络的形成与发展与产业创新能力是息息相关的。通过创新活动，原有的产业成为领先产业，产业网络的形成主要表现为纵向产业链的发展，因为此时资源、新行动主体（厂商）的加入等因素起着重要作用，各种行动主体（厂商）数量的不断增加，围绕产品的产、供、销及专业服务体系逐步形成和发展，产业内社会分工结构形成。随着产业内专业分工的不断深入、细化等演变，许多产业从该产业中分化、剥离，形成了独立的产业部门，使得产业间的经济联系加强。这样，产业中的横向关系逐步延伸和扩大，一个产业网络的雏形就显现出来了。大多数情况下，这种产业网络的形成、发展过程表现为产业的转移和产业结构的不断升级，创新活动使得新的产业网络不断从原有的产业网络中独立出来，改变着产业结构，不断赋予产业结构以新的内容[72]。

2.5　国内外有关科技创新与产业结构关系的研究综述

2.5.1　国内外有关经济增长中的产业结构效应理论

结构效应理论最初由结构学派和世界银行的一些学者正式提出，并被概括为两种假说：结构红利（structural bonus）和结构负担（structural burden)。前者认为在经济发展过程中，假如生产要素从劳动生产率低的行业不断向劳动生产率高的行业转移，结构变化对经济增长和生产率提高具有重要的积极作用。而后者则把社会经济划分为两个部门：先进（progressive）行业和滞后（stagnant）行业。假设总需求不变，由于先进行业的生产率提高很快，大量劳动力被转移到滞后行业，这种就业结构的长期变化会削弱人均收入的增长趋势。同时，欧美一些经济学家对产业结构效应进行了实证研究，在分析各国经济增长中的各种数据资料之后，发现了一些在产业结构变动方面的规律，揭示出人均国民收入变动与结构变动之间的内在联系，后来的学者在此基础上对产业结构变动如何反过来促进经济增长做进一步的理论研究。其中最具代表性的研究成果有：（1）“配第—克拉克定理”，利用二十几个国家总产出和部门劳动投入的时间数据，通过开创性的统计分析和经验研究，揭示了人均国民收入水平与结构变动之间的内在联系：随着人均国民收入水平进一步提高，劳动力便向第三次产业转移；（2）“霍夫曼定理”即消费资料工业净产值与资本资料工业净产值之比在工业化发展过程中是持续下降的；（3）美国经济学家库兹涅茨运用劳动力的部门分布指标和各产业国民收入的比重指标，揭示出随着人均收入水平的提高而产生的产业重心转移过程，以及产值变动与就业构成的相关变化；（4）钱纳里和赛尔奎因（1975）把研究领域进一步扩展到低收入的发展中国家，特别是其中的新兴工业化国家，揭示了经济发展和结构变动的“标准形式”，以及各国经济发展与结构变动的不同特点，他们的研究对于揭示人均国民生产总值与结构变动之间的关系及其产业结构变动的一般趋势具有更大价值[73]。

国外学者对经济增长中产业结构效应的研究建立在大量实证研究的基础上，钱纳里、库兹涅兹等的研究是从总体上揭示产业结构演变的一般趋势，揭示其普遍性的经验事实和一些经验性规律，对于后发的发展中国家研究本国的产业结构是否合理以及本国的经济增长是否是伴随着产业结构变动的良性增长，具有重要意义。

国内学者运用偏离－份额分析法对中国三大经济区经济增长的结构效应进行研究，认为产业结构对区域经济增长具有一定的作用，但结构效应在不同区域呈现不同的表现形式，三大区域的结构效应值显示东部 > 0 > 中部 >

西部，表明区域经济增长之间的差距呈现逐步扩大的趋势（刘建党，2008）[74]。

刘伟（2002）、叶依广（2003）也对中国20世纪90年代产业结构进行了实证研究，他们从正反两个角度得出结论，即在当时中国处于工业现代化起步阶段，要重视工业对经济发展的正效应[75-76]。

国内外学者通过收集、整理国家（或地区）的历史数据，运用现代经济统计方法，证实了经济增长中存在产业结构效应。从长远看，符合经济发展规律的产业结构将对经济发展发生持久的正效应。因此，我们在关注经济增长的同时，更要关注结构问题。

2.5.2 产业结构与科技创新

科学技术及其不同形态作为经济要素以先外生、后内生的角色进入人们的研究视野。在不同的时间段，国外学者关注科技领域对一国或地区经济的贡献也呈现出不同的侧面，这其中包括了技术、科学与技术的关系、全要素生产率、研究与开发的各种表现（包括投入产出及效率、创新、科技竞争力等）。美国学者波特在《国家竞争优势》中把生产要素分为初级生产要素和高级生产要素，指出“一个区域或国家想要获得竞争优势必须发展高级生产要素（如信息、人力技能、科学技术研发的载体）”。新经济增长理论的代表性人物纳尔逊、帕克和罗默（Nelson，Pack and Romer）认为区域不是资金、劳动和技术的简单积累，而是高技能、高教育水平的科技人员在区域内的集聚，大量研发、基础设施、教育及人力资本都有外部性，包括规模经济、生产要素和科学技术的积累等。学者们在关注产业结构对经济影响的基础上，关注了经济结构中高级经济要素所起的作用，认识到科技进步是推动一个地区产业结构变化的最主要因素，并把科学技术作为内生变量引入生产函数中。

对于科技作为经济要素与产业结构优化升级的关系，从20世纪80年代中期，中国学者主要从三个视角展开论述：科技创新与产业结构优化升级；产业技术创新与产业结构优化升级；高技术产业或高技术产业技术创新与产业结构优化升级，他们分别从理论和实证两方面进行了大量研究。其中有代表性的研究成果如表 2.5 所示。

表 2.5　国内有关科技创新与产业结构优化升级关系的代表性文献研究

研究视角	代表性成果	研究方法	主要观点
科技创新与产业结构优化升级	技术选择、产业结构升级与经济增长（黄茂兴、李军军，2009）[77]	实证研究	通过技术选择和合理的资本深化，能够促进产业结构升级，提升劳动生产率，实现经济快速增长
	论技术进步、技术跨越对产业结构调整的影响（张晖明、丁娟，2004）[78]	理论分析	技术进步是推动产业结构升级的直接动力。中国目前正在进行产业结构的战略性调整，只有通过技术的跨越式发展，不断推动技术进步，才能切实带动产业结构的优化升级
	技术融合推动产业结构升级的机理研究（喻学东、苗建军，2010）[79]	实证研究	通过对技术融合过程分析，探讨了技术融合推动产业结构升级的作用机理
	产业结构与技术转移及其影响的动力学模型（傅强等，2000）[80]	实证研究	给出了产业结构、技术转移对经济增长影响的动力学模型
	科技进步、产业结构升级与广西经济增长（冯金丽，2007）[81]	实证研究	通过修正后的 C－D 生产函数实证分析了科技进步、产业结构升级与广西经济增长的关系
	R&D 与产业结构优化升级——基于中国面板数据模型的经验研究（唐德祥等，2008）[82]	实证研究	运用面板数据（PanelData）模型分析了中国以 R&D 为基础的技术创新与产业结构优化升级的关系，实证结果显示，R&D 支出对产业结构优化具有显著的促进作用
	论中国产业结构升级与技术创新（韩平等，2002）[83]	理论分析	中国产业结构技术水平偏低，高加工度化程度低，并从技术创新角度提出了中国产业结构升级的目标和关键
	技术进步在产业结构转变中的作用——兼论中国产业结构调整的途径（陈飞翔，1989）[84]	理论分析	科学技术在优化资源配置、进而影响宏观经济运行方面的作用非常重要。在近代的经济增长过程中，技术进步是引起产业结构变化的主要原因之一

续表

研究视角	代表性成果	研究方法	主要观点
科技创新与产业结构优化升级	技术进步与产业结构问题研究（李京文等，1998）[85]	理论分析	提出制定经济发展战略的一个新思路：以技术进步为动力，以需求为导向，建立产业结构优化分析模型
	论技术进步与产业结构高度化（刘俊杰，1994）[86]	理论分析	技术进步是产业结构高度化的内在动力，分析了产业结构高度化演进过程、技术变化对产业发展的影响及技术渗入产业的主要制约因素，探讨了产业结构高度化变动的技术导向选择
	中国技术引进与产业结构关系的实证研究（陈国宏等，2001）[88]	实证研究	实证研究结果否定了中国技术引进在促进产业技术进步的同时已对产业结构优化产生了促进作用
	发达国家技术创新与产业结构高度化的趋势（刘志彪，2001）[89]	理论分析	持续的技术创新不仅开创了新的产业门类，而且推动了成熟产业的改造和再生，还导致了国家产业政策管制的放松
	技术创新推动产业高度化变迁和三次产业结构的演变（李亚云，2007）[90]	理论分析	技术创新会通过影响需求结构、资源供给结构、生产技术结构、对外贸易结构来促进产业的高度化变迁和三次产业结构的演变
	科技创新与产业结构优化升级（周叔莲、王伟光，2001）[91]	理论分析	分析了科技创新与产业结构调整的互动关系：科技创新是产业结构升级的动力，同时产业结构调整对科技创新具有推动作用
产业技术创新与产业结构优化升级	产业技术创新对深圳产业结构升级的影响（高俊光等，2007）[92]	实证研究	要加快产业结构优化升级，重点是依靠科技进步，围绕提高创新能力，推动结构调整
	产业技术素质影响产业结构升级的机理分析（张靖霞，2009）[93]	理论分析	产业技术素质是产业素质的核心，它是产业结构升级的核心动力
	产业技术升级与产业结构调整关系研究（王岳平等，2005）[94]	理论研究	在产业结构的升级转换过程中，产业技术升级起着十分重要的作用，因此研究产业技术升级与产业结构调整的关系十分必要

续表

研究视角	代表性成果	研究方法	主要观点
高技术产业或高技术产业技术创新与产业结构优化升级	高新技术产业化与产业结构软化升级（马云泽等，2006）[95]	理论分析	高新技术产业化既促进了产业结构的前向软化，又带动了产业结构的后向软化
	高技术产业发展对产业结构优化升级作用的实证分析（赵玉林等，2008）[96]	实证研究	运用计量经济方法对中国近十年来高技术产业发展对产业结构优化升级的作用进行实证分析。实证结果表明大力发展高技术产业是促进中国产业结构优化升级的必然战略选择
	高新技术对中国产业结构变化影响的量化研究（胡志强，2005）[97]	实证研究	初步探讨了高新技术促进产业结构变化的一般规律，在此基础上提出了促进中国产业结构升级的有关建议
	论高新技术对中国产业结构升级的促进作用（姜忠辉，2001）[98]	理论分析	中国当前产业结构调整的核心是产业结构升级，分析了发展高新技术对促进中国各产业结构升级的积极作用
	加快高新技术发展：中国产业结构调整和升级的必然选择（刘琳娜，2001）[99]	理论分析	产业结构调整和升级是国民经济发展的迫切要求，加快高新技术发展是产业结构调整和升级的必要选择
	高新技术产业化：新技术革命浪潮下产业结构调整的关键（刘俊威，2003）[100]	理论分析	提出从中国国情出发，从近期和远期两个时间跨度上构建中国高新技术产业化模式，即近期以政府为主导、远期以企业为主导的新技术产业化模式

表2.5中的代表性文献从不同视角证明了科学技术对中国产业结构优化升级的推动作用，其中以理论分析为主。在实证分析中，测度二者关系的模型具有代表性的有：

（1）黄茂兴、李军军（2009）利用规模报酬不变的C－D生产函数验证技术选择对产业结构的影响。设：

$$Y = AK^{\alpha}L^{\beta} \qquad \alpha + \beta = 1 \tag{2.3}$$

其中，Y、K、L分别表示地区产出、资本存量和劳动力要素的投入量，α和β分别表示资本和劳动力的产出弹性，A代表技术进步水平。同理构建各产业生产函数：

$$Y_i = A^* K_i^{\alpha *} L_i^{\beta *} \qquad \alpha^* + \beta^* = 1 \tag{2.4}$$

其中，i 用以区分地区各产业，* 代表各产业生产函数的参数。

采取人均生产函数的形式，式（2.3）和式（2.4）分别改写为：

$$\frac{Y}{L} = A\left[\frac{K}{L}\right]^n \tag{2.5}$$

$$\frac{Y_i}{L_i} = A^*\left[\frac{K_i}{L_i}\right]^{n^*} \tag{2.6}$$

借鉴林毅夫（2002）定义的技术选择指数，即一个产业的资本劳动比率与地区的资本劳动比率的比值，反映该产业的经济发展战略对自身比较优势的偏离程度，公式为：

$$TCI_i = \frac{\frac{K_i}{L_i}}{\frac{K}{L}} = \left[\frac{Y_i}{L_i}\right]^{\frac{1}{n^*}}\left[\frac{Y}{L}\right]^{-\frac{1}{n}}\frac{A^{\frac{1}{n}}}{A^{*-\frac{1}{n^*}}} \tag{2.7}$$

则有：

$$\frac{Y_i}{L_i} = (TCI_i)^{n^*}\left[\frac{Y}{L}\right]^{\frac{n^*}{n}}\frac{A^*}{(A)^{\frac{n^*}{n}}} \tag{2.8}$$

$$\bar{Y}_i = (TCI_i)^{n^*}[\bar{Y}]^{\frac{n^*}{n}}\frac{A^*}{(A)^{\frac{n^*}{n}}} \tag{2.9}$$

根据该模型可以发现，作为产业目标的人均产出受到技术选择和国民经济中人均产出的影响，在资本产出弹性为正，即 $\alpha^* > 0$ 的情况下，技术选择系数对产业的人均产出有正的影响，这说明改变自身资源禀赋结构的资本相对稀缺状况，提高产业资本－劳动比率，能够使人均产出以较快的速度增长，从而提高劳动生产率。对一些产业进行扶持和选择超前技术，可以使其资本深化，提高产出水平，大大增加其在国民经济中的比重，加快产业结构调整和升级。因此，技术选择系数越大的产业，其在国民经济中的比重提升得越快，产业结构调整和升级的速度也越快。

（2）喻学东、苗建军（2010）通过对技术融合过程的分析，探讨了技术融合推动产业结构升级的作用机理。首先建立技术融合过程分析模型（2.10）：

$$\frac{dA_2(t)}{dt}=p(A_1-A_2(t)) \tag{2.10}$$

设 $A_2(0)=A_0$，解得 $A_2=A_1+(A_0-A_1)e^{-pt}$

其中，A_0 为企业（产业）现有技术，A_1 为对外引进技术，$A_1>A_0$ 表示引进的技术比企业（产业）现有技术先进，经过消化吸收，两技术融合后的技术为 $A_2(t)$，吸收能力系数为 p。

该模型说明，技术融合的效果取决于企业（产业）对引进技术的吸收能力 p（吸收能力越强，吸收转化新技术所需时间越短）、企业（产业）现有技术与引进技术的差距 A_0-A_1（技术差距越小，新旧技术的关联度越大），因此，A_0-A_1 称之为技术关联度。一般来说，技术水平高、规模大的企业，消化吸收能力强。新旧技术之间的水平差距越小，吸收转化新技术所需时间就越短。

接着分析了技术融合实现产业结构升级的效应。该效应源于单个企业的技术融合改变了原企业的生产技术体系，优化原企业的技术结构，以致于同一产业内其他企业争相模仿，改变了整个产业的技术体系；与此同时，技术融合使得传统产业边界模糊和消失，出现了产业融合，加速了竞争。二者共同作用，推动产业结构升级。

即设 K_0 为首先发生技术融合的企业（产业）。K_1、K_2、K_3、…为后动的模仿企业（产业），S 为模仿扩散率，以后动企业（产业）与先动企业（产业）的数目来反映。那么，在资源的自由流动性条件下，技术融合过程在企业（产业）之间的扩散结果为：

$$K_0=K_0,\ K_1=SK_0,\ K_2=SK_1,\ K_3=SK_2,\ \cdots$$

通过模仿扩散过程得到融合的总厂商数为：

$$K=K_0+K_1+K_2+\cdots+K_n=K_0+SK_0+S^2K_0+S^3K_0+\cdots+\frac{1}{1-S}K_0 \tag{2.11}$$

通过后动企业（产业）对先动企业（产业）的模仿和投资的扩散，最终融合的厂商数或产量为先动企业（产业）的 $\frac{1}{1-S}$ 倍，表现为凯恩斯的乘数。因而，通过产业内企业、相关产业的企业的技术、组织和业务的学习过程，经过一定的时间，该产业系统内的多数企业获得了较高的技术水平和价值创造能力，从而实现了产业结构升级。

通过建立模型，验证了技术对产业结构优化升级的影响。而高技术本身具有高利润和高渗透性的特征，高技术产业是高新技术商品化、产业化和市场化所形成的产业。高技术产业推动产业结构优化升级是在促进资源向高技术产业聚集的同时，高技术成果向其他行业转移扩散，使得整个产业系统的资源配置收益最大。这其中的根本动力来自高技术产业的创新能力特别是科技创新能力：一方面，高技术产业较强的科技创新能力可以使其劳动生产率、资源利用效率高于一般传统产业，从而引导经济要素向该行业流动；另一方面，高技术产业具有广泛的产业关联性，在中国装备制造行业划归于高技术产业中，这种关联性会促进传统产业技术进步。所以，本书将研究视角定位在研究高技术产业创新能力对产业结构优化升级的影响上，是对高技术产业对产业结构优化升级的作用进行深入的、实质性的研究。这也是本书的创新点之一。

本章小结

产业创新理论、动态能力理论、产业关联理论和产业网络理论是本研究的理论基础，也是界定本研究核心概念——高技术产业创新能力的理论依据；通过对有关产业结构与科技创新关系的理论和实证研究成果的梳理，为后面对高技术产业创新能力进行界定，提出高技术产业创新能力对产业结构优化升级具有推进作用这一论题提供分析框架。

第 3 章

高技术产业创新能力基本问题研究

前面综述的产业创新理论、动态能力理论、产业关联理论和产业网络理论是本书的理论基础，也是界定本书核心概念——高技术产业创新能力的理论依据；通过对有关产业结构与科技创新关系的理论和实证研究成果的梳理，结合高技术产业在国民经济发展中的地位，本章将对高技术产业创新能力的一些基本问题进行深入细致的研究。

根据创新层次的不同，创新可分为企业创新、产业创新和国家创新。企业创新是目前大多数创新研究的重点，中国技术创新工程的目标是要实现企业作为创新的主体，国家创新系统是近几年来提出来的。产业是重要的经济学中观研究单元，从产业层次来研究创新理论对于指导当前中国的创新实践具有特殊意义[101]。

产业创新是在产业层次上的创新活动，既有别于企业创新和国家创新，又与这两者有着密切联系。产业创新有直接和间接两个方面：直接的创新是产业内的联合创新，这是一种产业创新的自组织形式，它是利用产业的综合力量和协同作用对产业技术的关键和重要环节予以突破，通过重大产业技术创新以及相应的产业组织创新，以增进产业创新能力，进而提高竞争力，这个方面与企业创新在创新特性和过程分析上有更密切的关系；间接的创新是产业创新战略和技术创新引起产业结构的变化，反过来，产业结构的一系列变化也会反映技术创新的发展态势，这种良性循环是产业可持续发展的根本保障。随着创新活动推进落后产业向先进产业的转化，一国工业化的进程也会加快。一国工业化的过程，正是该国产业层次创新持续活跃的过程，因此，为加快中国经济发展，必须从产业层次上认识技术创新的重要性，必须尽可能地活跃产业层次的技术创新。

产业不同，产业创新的核心内容也不同。第一，高技术产业知识、技术的高密集性决定了其创新的核心内容是科技创新活动；第二，在中国高技术产业的行业种类多数属于制造业，担负着为国民经济其他行业提供生产装备的任务，因此，高技术产业的科技创新成果可以通过各种途径广泛波及其他产业；第三，上述两个活动离不开高技术产业强大的行业实力和国家对创新的大力扶持。而对这三方面活动进行协调整合的结果是通过能力表现出来的。因此，本章从高技术产业创新的过程研究入手界定其创新能力。

3.1　高技术产业创新的基本问题研究

3.1.1　高技术产业创新的界定

高技术产业是一个相对的、动态的、集合的概念，是若干建立在高技术商业化应用基础之上的产业统称，其技术基础的先进性和创新性决定了高技术产业代表着未来产业的发展趋势，是引导产业升级和经济结构变化的先导产业。20世纪80年代以来，高技术产业发展成为各国经济增长的重要源泉，高技术产业创新问题日益引起各国政府和学术界的关注。研究高技术产业创新的基本特征与过程机制，揭示其创新的有关规律性问题，对于丰富产业创新的理论研究以及促进高技术产业创新和发展并带动经济增长和产业结构升级，无疑具有重要的理论和现实意义。

高技术产业作为创新的主体，不仅要参与创新过程，而且要发挥创新主导作用。具体而言，就是要成为创新投资主体、技术研发主体、创新活动实施主体、风险主体和利益主体的综合。根据前述关于创新和产业创新的理论观点，结合高技术产业的基本特征——高技术产业是属于科技创新的产业，其发展依赖于技术、人才和资金等多方面资源的逐步积累，可将高技术产业创新分为直接和间接两个方面：直接形式的高技术产业创新就是高技术产业化和高技术企业成长，形成一定产业规模的产业内联合创新过程，它是利用产业的综合力量和协同作用对产业技术的关键和重要环节予以突破，通过重大产业技术创新以及相应的产业组织创新，以增强产业创新能力，进而提高竞争力。间接形式的高技术产业创新是高技术产业创新战略和技术创新引起产业结构的变化，也就是高技术产业从初创期向成长期、从先导产业向主导产业转换引起产业结构跨跃式升级的过程[102]。鉴于高技术产业在国民经济中的重要地位，笔者认为高技术产业创新是指从高技术研发，经过产业内联合创新到形成高技术产业的突变过程，同时引发相关产业的创新活动，进而对整个国家的产业结构产生深刻影响。这种以高技术产业为主体进行的创新活动，首先是以若干高技术企业科技创新为突破口，利用产品创新、市场创新、组织创新、制度创新或者组合创新提升企业竞争力，获取高额利润，通过示范效应在技术创新最为活跃的高技术产业内部扩散，使得整个产业综合实力提升。同时由于产业间的经济技术联系，高技术产业创新活动也不会局限在产业本身，特别是现代计算机技术和网络技术的发展运用以及产业分工愈加细化，产业网络这种新的产业组织形态出现，高技术产业与传统产业、现代服务业、学术机构、政府组织等通过经济、社会等关系，在要素投入、生产制造和技术合作等方面进行互动，使得创新活动通过产业网络扩散，一方面从技术环境上影响着其他经济主体，如为传统行业提供技术、设备支持；另一方面从制度环境建设上为产业网络营造一种有利于创新的氛围，如政府对高新技术研发的投入、鼓励高新技术产业化的政策等，这样使得产业网络向更高级方向跨越，整个产业系统的结构也更加高级化。

在高技术产业创新的内涵中，高技术的创新和创新扩散是高技术产业创新的关键问题。这是因为当代科学技术发展的一个重要特征是大部分创新活动都处于高技术领域。创新主体——高技术产业在高技术领域不断进行研究开发活动，并在随后的创新成果商业化应用中获得成功，这将进一步扩大高技术成果的应用领域和生产应用规模。同时，高技术创新成果还将通过不断的扩散引起与之关联的产业也发生技术变革，从而最终将在高技术产业创新的引领下引发整个产业系统的创新，从而发展起全新的更高级的产业系统。

3.1.2　高技术产业创新的基本特征

高技术产业创新能力的提升可以带动企业创新并为企业创新营造有利的环境和条件，可以扩充企业创新能力储备，带动和活跃企业创新，并且通过产业间的经济技术联系，实现创新在产业与产业之间的扩散，同时为国家创新提供信息、资金、智力等服务。所以，高技术产业创新对于企业创新和国家创新，具有重要的实践上的桥梁意义，其具有以下特征：

第一，高技术产业创新立足于产业创新系统，通过传导和波及效应影响到相关产业，进而影响整个产业系统的创新水平。其具体内涵是产业创新系统根植于一系列紧密联系的主要创新源——高技术产业，这些创新源通过动态的技术转移和反馈机制。带动其他相关产业的创新，从整体上提升产业层次，促进产业结构优化升级。产业创新系统表明一系列的产业被联结成一个网络结构，这个网络结构是以动态的、强大的技术经济联系相互依赖、相互补足为基础的。在这个网络中，高技术产业的技术创新能力是核心，是这个产业创新网络中最活跃的因素。

第二，高技术产业创新是技术创新和市场创新的互动与整合。技术创新包括产品创新和工艺创新两方面内容，其中，产品创新是指产品技术上所出现的具有新价值的发展和变化，包括新产品的开发和现有产品的改进。工艺创新是指工艺技术上所出现的具有新价值的发展和变化，包括生产工艺流程、加工技术、操作方法、生产技术装备等方面的生产技术的开发和改进。产品创新和工艺创新经常是交替出现的。

高技术产业利用人类社会科技进步的成果，其发展速度和获利能力远高于一般的传统产业，使之成为知识经济时代推动经济增长的主要部门。因此，在高技术产业的发展过程中，技术创新是关键，没有技术创新，就不可能有高技术产业创新。但是，只有技术创新还不够，还要通过市场创新开发新的市场，随着市场需求的增加和技术的扩散而达到一定的规模，形成新的高技术产业。在高技术成果的扩散过程中会逐渐形成多元动态组合结构的产业创新的主体群。这其中包含了高技术产业以及与之相互关联的产业、大学和研究机构、政府和金融机构等。

第三，高技术产业创新更注重技术的高层性、先进性和自主性。高技术是知识密集、技术密集、资金密集的新兴高层次技术群。高技术一定是新技术，但新技术不一定是高技术；高技术是以当代尖端科学为基础的，是高层次的技术。以高技术研发为发端的高技术产业创新，必须要有高的研究开发投入，在发达国家，高技术产业的研发投入占销售额的比重已达到8%以上，生物医药、航空航天等领域达到20%以上。因此，高技术产业创新所依赖的技术是高层次的技术，是先进技术，是自主创新的技术。

3.1.3 高技术产业创新的过程机制

根据前面对高技术产业创新内涵和特征的讨论，笔者认为高技术产业创新是一个过程。对于这个过程可以从两个方面来探讨。

3.1.3.1 高技术产业内部创新的过程即高技术产业化和高技术产业成长的过程

高技术产业创新的第一阶段是实现高技术产业化，即从高技术产品或工艺的研究开发到通过技术创新实现商业化应用，通过技术扩散实现规模化生产的全过程。这一过程经过 R&D 活动形成可应用的高技术，高技术与资金、劳动等其他生产要素组合在一起，经过高技术企业的整合，形成高技术产品，产品进入市场实现商业化应用，完成熊彼特的技术创新实现过程。随着高技术商品的扩散与渗透，生产同类高技术产品的企业数量增加、规模扩大，从而形成新的高技术产业，推动产业内部结构的升级。

在这一阶段，高技术产业作为创新主体，技术系统是整个该产业创新系统的核心，研究与开发活动是整个技术系统的核心，市场系统是该产业创新系统运行的动力机制，这是因为市场是科技成果的最终接受者和评价者，也是科技成果的推动者。从经济角度看，正是市场（现时以及潜在的）需求提出科技研究与开发课题，可以说，开发活动源于市场又归于市场。换言之，此阶段是以市场为导向的研发活动为切入点，通过高技术的产业化、规模化，最终实现高技术产品的市场需求。这一过程同时还伴随着高技术产业内部各种资源的重组，包括企业之间合作与竞争关系的协调、产业组织形式的变革、管理形式及制度安排的变化等。

3.1.3.2 以高技术产业为核心的产业创新体系的形成过程

现代生产体系中，产业间的经济技术联系不断加深。在高技术产业创新的第二阶段是通过产业相互渗透、相互交叉、产业重组，使原有产业边界模糊，实现产业融合，在原有的高技术产业分工体系和高技术产业与传统产业的分工体系基础上形成新的产业分工体系。高技术是产业融合的强大推动器，而产业融合又促使新的以高技术产业为核心的产业创新体系的形成。高技术产业融合的方式主要包括高技术的渗透融合、高技术产业链的延伸融合和高技术产业内部的重组融合。其中，高技术产业的渗透融合往往发生在高技术产业和传统产业的产业边界处。高技术具有渗透性和倍增性的特点，可以以新技术或中间产品的方式无摩擦地渗透到传统产业中，并会极大地提高传统产业的效率；高技术产业链的延伸融合促进了产业分化，使技术创新的成果不断扩大，形成一个又一个新产业；高技术产业内部的重组融合促使新的高技术产业衍生或原有产业内部组织结构的根本性跃迁，如中国信息产业经过重组最终形成了中国电信、中国网通、中国联通、中国铁通和中国卫通的“5+1”的竞争格局。

高技术产业融合使得创新在产业系统内各关联产业之间转移和反馈，一方面带动了传统产业的创新，另一方面促进了产业分化，形成一系列新产业。在这一过程中创新主体除了高技术产业以外，传统产业、新兴产业等都在学习、使用新技术的过程中进行二次创新，形成一个创新主体群。同时，这一阶段也是主导性高技术产业形成的阶段。而主导性高技术产业具有很好的成长性和很强的创新性，产业关联效应和扩散效应很强，对其他产业发展起到引导和支撑作用。因此，对这一阶段更明确的说法应该是以主导性高技术产业为核心的产业创新体系的形成过程。在这一过程中促进了产业结构的优化升级，这就是高技术产业创新的宏观图景[103]。

根据以上分析，我们构建了高技术产业创新的过程图如图 3.1 所示。

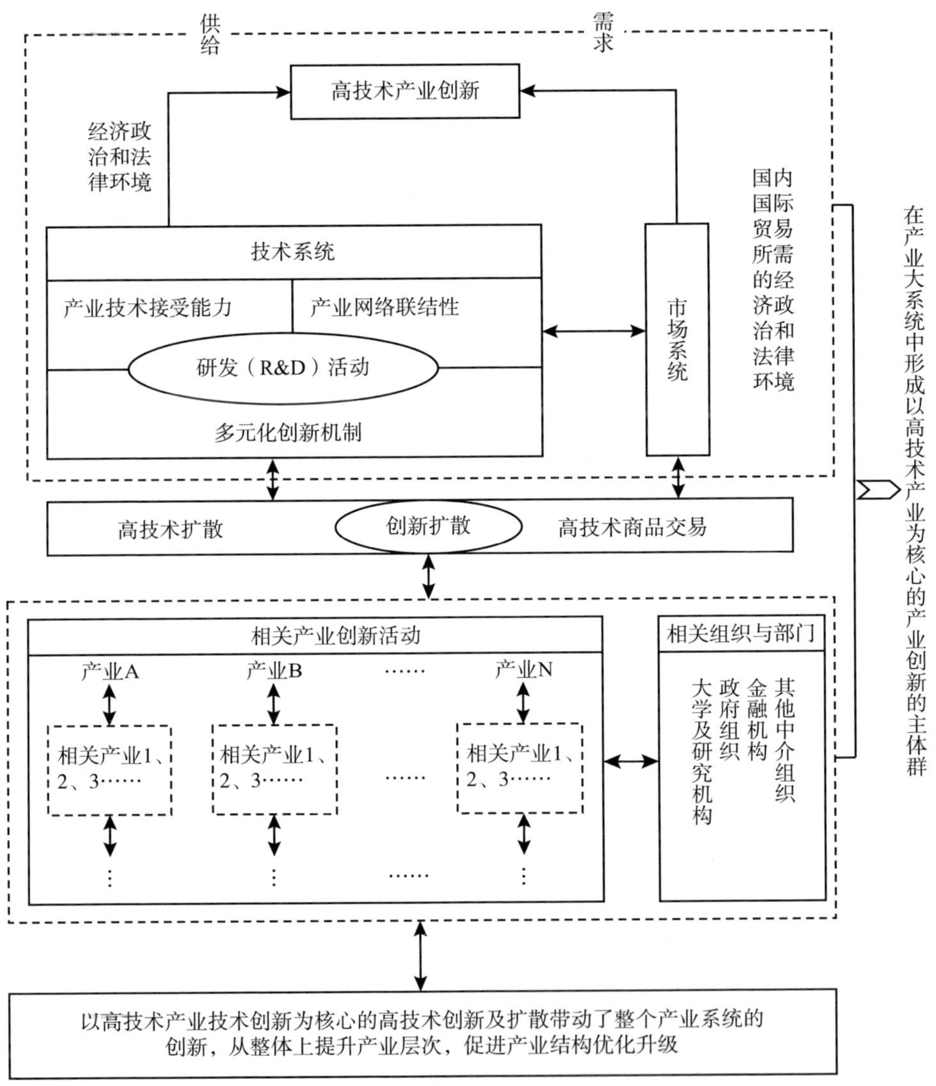

图 3.1　高技术产业创新过程

3.2 高技术产业创新能力基本问题研究

3.2.1 高技术产业创新能力的概念

能力，从哲学上讲，是指人、组织具有的认识和改造客观世界的力量。创新能力中“能力”的概念来源于20世纪50年代管理理论中的能力学派。菲利普·萨尔尼科（Philip Selnic，1957）从微观企业管理角度认为，能力（competence）或特殊能力属于战略管理范畴，是能够使一个组织比其他组织做得更好的特殊物质。1959年，艾迪斯·潘罗斯（Edith Penrose）发表了《组织成长论》一文，进一步从分析单个组织的成长过程入手，对组织拥有的能够拓展其生产机会的能力积累倾向给予高度重视，特别强调了组织成长过程中的内在机制，“能力资源就是一个连续产生新的非标准化操作规程和非程序性决策，并不断地把它们转化为标准化操作规程和程序性决策的过程。”随后，蒂斯和皮萨诺强调动态变化和组织学习的重要性，即能力与环境的协同。在此基础上提出动态能力理论，认为动态能力应具有高度组织特性的系统整合力，即系统的自适应力[104]。20世纪90年代，关于能力理论的研究更加深入。普拉哈德和哈默（Prahaoad and Hame）认为能力是“关于如何协调不同生产技能和有机结合各种技术流派的常识”。在此基础上，能力理论逐渐向中观和宏观界面延展。

前面有关高技术产业创新问题的分析表明，高技术产业创新不仅涉及产业内部的创新，还包括创新在产业网络中所产生的影响，对产业结构优化升级的影响。那么这种影响的程度如何，以及是否能够产生持续的影响？这就是高技术产业创新能力的问题。本书借鉴动态能力的有关成果，进一步对高技术产业创新能力进行界定。

动态能力对高技术产业的持续创新具有显著的促进作用。从行业的角度看，高技术产业面临的环境呈现较强的动荡性，技术范式的改变较传统行业更为频繁；从产业结构角度看，产业结构优化升级是一个动态过程，实现这个动态过程是要不断增强产业结构的转换能力。因此，动态能力与高技术产业创新的结合对产业结构优化有着更为重要的意义。借用蒂斯对企业动态能力的分类——整合能力、学习（吸收）能力与重构能力三个维度，以产业网络为创新活动发生的背景，把高技术产业创新与动态能力相结合构建了高技术产业创新能力，并对该项能力进行分类——创新（主要是科技创新）资源投入产出能力（整合能力）、创新活动转化波及能力（产业网络的学习吸收能力）与创新环境制度影响支撑能力（重构能力）三个维度。

其中，创新资源投入产出能力包括产业内部自有创新资源和对引进技术消化整合能力，这是高技术产业保持创新影响力、构建友好创新支撑环境的必要条件。创新活动转化波及能力包括科技创新成果的产业化能力以及产业网络中的其他产业对高新技术成果的吸收与反馈能力，该项能力一方面为高技术产业的创新活动提供了物质基础，并通过产业间的经济技术联系带来其他产业的技术进步和高技术产业的“二次创新”，保证了高技术产业创新的持续性；另一方面，高新技术的产生、转化、扩散带来产业结构的优化，也为下一轮高新技术的开发利用提供了更高的平台。这两项能力是高技术产业创新能力的精髓，是创新活动保持更新的基础和来源。创新环境制度影响支撑能力包括高技术产业自身的实力和国家对高新技术研发、产业化政策态度等，是高技术产业创新活动持续进行以及高新技术成果顺利转化的保障。

通过以上分析，本书认为，高技术产业创新能力即以高技术产业为主体的创新活动，主要是科技创新活动对产业结构优化升级的带动能力，这种带动能力是通过提升高技术产业科技创新能力、促进高新技术产业化与发挥高新技术影响力、构建友好创新支撑环境来实现的。需要说明的是，在高技术产业创新能力形成过程中，高技术创新及扩散起着基础性的作用，因为在大多数情况下创新很少是个别企业的产物，更多的是特定资源、知识和其他的投入和产出组合的产物。产业和大学 R&D 的群集以及社会网络能够产生规模经济，促进知识、能力的共享和思想的交流，有效增强创新互动作用（Feldman and Florida，1994）[105]。高技术产业创新能力通过知识、技术的外溢、反馈和学习过程使自身得到不断增强。异质的能力和知识在互相接触中得到增强（Eriksson and Johanson, et al., 2000）[106]。

3.2.2 对高技术产业创新能力的理解

高技术产业作为科技型产业，其创新能力是以科技进步为基础的，科技进步主要以科技资源产出为表征。科技资源产出能力表现为科学知识及技术、技巧的产出能力。但创新能力作为一个庞大的系统工程，其培养决不能限于微观企业层次，而应落实到产业层次以打造国家整体创新能力。高技术产业是各种创新资源的集合体，与传统企业的明显不同之处在于产业重心已不再是进行重复生产而在于创新，使要素与资源得到合理配置。与此同时，产业资源和要素概念也大为扩展。传统产业的生产要素主要是人力和资本，但在高技术产业中除人力与资本外，科技开发能力也成为一种资源被加以利用。科技成果则成为生产过程的一个重要因素，而且高技术产业中的人力资源也不是从事重复的简单劳动的劳动力，而是具有才智、掌握最新科技知识、从事创造性科技活动并且具有学习能力的人才。这就是说高技术产业资源及生产要素无论从内涵还是从外延上都具有明显的创新特征。

国内学术界对高技术产业创新能力的认识基本局限于产业本身，如“中国高技术产业创新能力地区差异分析”（彭向，2009）[107]从创新投入、创新技术支持、生产能力支持、创新环境、创新产出五个方面设计评价体系，反映中国高技术产业的创新能力；“区域高技术产业创新能力的比较分析”（张倩男、赵玉林，2007）[108]从高技术产业创新的投入能力、产出能力和支撑能力三方面设计区域高技术产业创新能力评价指标体系。

但是，高技术产业创新能力从来都不是独立存在的，它必须与相关产业、各种职能机构——政府机构、金融机构和社会组织等结合起来才能显示出现实和未来的能力。所以，准确把握高技术产业创新能力一方面要考虑高技术产业本身的创新问题，另一方面还要考虑在产业网络中，创新是如何在高技术产业与相关产业之间进行技术的扩散与反馈，并且在此过程中其他相关的部门、机构发挥了怎样的作用。按照系统论的观点，不同系统之间的结构变化具有相关性[109]。一个系统的结构变化会引起另一个系统的结构变化。

高技术的发展改变了原有的产业结构，不仅出现了许多原来没有的高技术产业，而且也使传统产业经过高技术的改造，在功能上发生变化，重新展现生机与活力。在现阶段，研究对传统产业的高技术改造具有特别的现实意义。因为中国除了高技术产业发展外，还有一个庞大的传统产业用高技术进行改造的问题，这个问题关系到中国整体产业层次的提高。

高技术产业创新能力是国家创新能力中最活跃的因素。按照波特等提出了国家创新能力的概念（national innovative capacity）[110]，国家创新能力指的是一个国家在长时间内产生创新性技术并使之商业化的能力。国家创新能力依赖于相互关联的支持创新技术产生的投资、政策以及资源投入。国家创新能力的差异反映在技术创新系统与技术创新机制两个方面。高技术产业作为科技型产业，是技术创新系统中重要的变革力量。这种变革力量又主要体现在科技的不断发展之中，科技的每一点进步，都会引起该创新系统的连锁反应。以高技术产业为核心的产业创新过程为：高技术研究开发——生产——市场——技术扩散——二次创新——创新主体群形成，是一个多重反馈的开环系统，在每一个环节上都需要强有力的结合。如何协调不同环节上不同利益主体之间的关系就成为技术创新机制所要解决的问题。协调得好，有利于高技术科技成果的转化、扩散；协调得不好，只能造成浪费和失败。这就有赖于国家创新系统的良好运转，如国家的宏观经济与科技政策以及法律环境。可见，高技术产业创新能力的建设并不是单一因素决定的，而是多元的复合因素在发挥作用[111]。

高技术产业作为企业与国家之间科技的支撑界面，在支持科技资源投入（供给），弥合科技资源产出（需求），推动创新扩散、营造创新环境中所起的作用不可忽视。其中，创新环境培养的直接目的是提升创新能力，其间接目的则取决于科技的转移、扩散效益，实现这种效益在更大程度上依赖于教育系统、政策系统、经济系统和社会系统等。创新环境因子作为创新能力异质的关键因素，对高技术产业创新能力形成过程所起的作用是动态的。

可见，高技术产业创新能力有广义和狭义之分，狭义的创新能力指从高技术产品或工艺的研究开发到通过技术创新实现商业化应用，它是利用产业的综合力量和协同作用对产业技术的关键和重要环节予以突破，通过重大产业技术创新以及相应的产业组织创新，以增进产业创新能力，进而提高竞争力，这也是国内大多数学者的研究视角。广义的创新能力不仅包括狭义的创新能力，还包括高技术在与之相关产业的扩散，带动整个产业系统的技术进步，形成以高技术产业为核心的产业创新体系，促进产业结构的优化升级。同时，在高技术创新及创新扩散的过程中，还包括政府、大学及研究机构、金融机构的等对创新活动的能动作用。本书所指创新能力是其广义的概念，是高技术产业科技进步以带动产业、经济、社会发展的动态能力，体现了高技术产业科技创新所带来的产业系统、经济和社会系统变革的宏观效应。

3.2.3 高技术产业创新能力与国家创新能力的关系

高技术是当今国家科技创新能力的集中体现，是新产业革命和新军事变革的重要技术基础，也是国际科技和经济竞争的制高点。高技术是建立在综合性科学研究基础上，处于当代高科技前沿，对探索自然界未知世界、发展生产力、促进社会文明、增强国防实力起先导和巨大推动作用的技术群，具有先进性、关键性、全局带动性、不可替代性和可持续发展性以及知识密集、人才密集和资金密集等特点（国家发展和改革委员会高技术产业发展司，2001）。国家创新能力是一国或地区在较长时期内对一系列技术进行生产并商业化的能力。国家创新能力不同于科学和技术优势，它包含科技的经济应用；国家创新能力不同于国家的产业竞争优势和生产力，它反映的是创新过程中更基本的决定因素——经济地理因素（如企业之间的外溢水平）和创新政策因素（如政府对基础研究的支持水平或知识产权的法律保护）。国家创新能力主要围绕一国竞争优势得以发挥的产业集群研究（Porter，1990），这主要体现为四个方面的因素，即生产要素、企业战略和结构以及同业竞争、相关产业和支持性产业、需求条件。这些因素的互动和强化，形成钻石体系。只有在钻石体系内形成竞争优势，才有利于形成产业竞争优势乃至国家竞争优势。

高技术创新驱动体系是通过高技术的扩散创造技术优势，并通过产业链转化为产业优势，继而通过关联产业间的扩散形成创新网络，最终转化为国家自主创新能力的过程体系。它不仅包含关键核心技术、相关技术簇，还包括相关产业链、产业网络等。高技术通过它们的协同作用，实现企业技术创新能力向产业创新能力、区域创新能力和国家创新能力的转化，加速实现高技术促进技术优势、产业优势、区域经济和国家竞争优势的形成[112]。

从产业所处技术层次的位置来看，高技术产业位居技术梯度的最高层，高技术作为高技术产业的核心，使得高技术产业具有高创新性，决定了其在各产业中的引领地位。因而，在国家创新能力的积累和形成中，高技术产业特别是高技术产业创新能力具有基础性、先导性的推动作用，二者之间是正向关联的关系。高技术产业创新能力对国家创新能力的驱动过程主要通过以下途径进行扩散：首先，借助产业本身的科技创新优势，使技术创新迅速扩散，提升产业整体创新能力；其次，以产业增长极的形式，通过产业内和产业间的技术转移、扩散，形成由若干从事创新活动的产业群体构成的产业创新网络。在创新通过产业链扩散的过程中，高技术产业的创新活动带动了其他产业的创新，而其他产业的创新活动通过反馈再次刺激高技术产业创新，二者是相互影响、相互刺激的。同时，大学和科研院所、政府、金融机构加入产业发展和技术扩散中，培育了政策环境因素，即在产业内外的扩散、增加知识存量的过程中，构筑了相关服务支撑体系，最终提升了国家创新能力。可见，高技术产业创新能力发挥驱动作用的过程是与国家创新政策环境互动的，政策环境影响高技术资源投入的数量和速度，同时政策环境本身也随技术和产业的发展在不断调整。

在以高技术创新能力为驱动因素构建的产业创新体系中，产业、大学、科研院所通过技术创新及创新成果在产业内和关联产业间的扩散，活跃了整个产业体系的创新，并且在技术扩散的过程中风险投资企业、管理咨询公司、法律咨询公司、技术交易场所等服务支撑机构也在互动中得到了发展，贯穿于以上过程的是国家影响新技术的创造、发展、商业化和采用的制度与政策的不断调整，从而，使国家创新能力得到持续的提升。进而，国家创新能力的提升——产业创新环境的改善、创新制度的完善等又可以加速高技术产业创新能力建设，使之在新一轮的产业创新体系构建中发挥作用。下面通过图 3.2 来说明高技术产业创新能力与国家创新能力之间的关系。

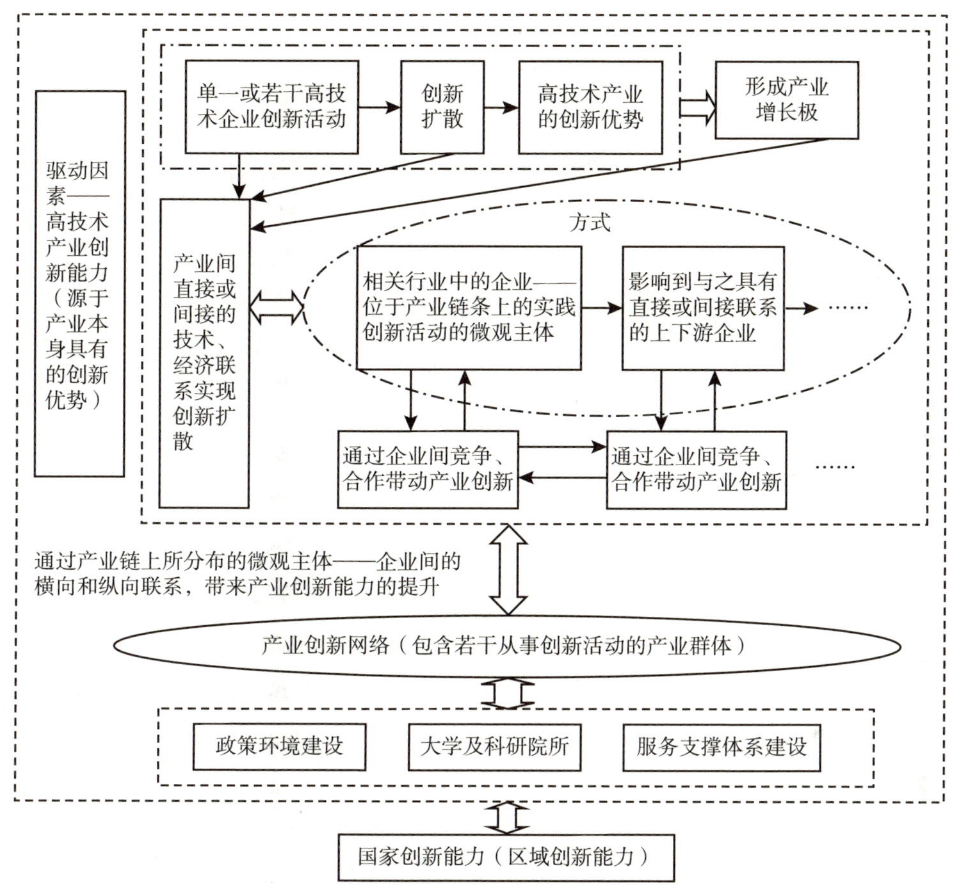

图 3.2　高技术产业创新能力与国家创新能力之间的关系

本章小结

第 3 章对本书的核心概念——高技术产业创新能力进行了深入细致的研究，它支撑起高技术产业创新能力作为推进产业结构优化升级的重要经济要素的系统框架，是本研究得以系统展开的基础。同时，它也为本书后续对高技术产业创新能力指标体系的构建奠定了理论基础。

高技术产业创新能力是一个新课题。创新能力要素有别于其他传统经济要素的一个主要标志是它不仅自身通过生产函数作用于生产产出的数量和质量，同时也作用于其他平行的经济要素（如生产工具和生产手段），起到提高经济要素质量的作用，并以重要的变革力量角色作用于整个产业系统。高技术产业创新能力，即以高技术产业为主体的创新活动，主要是科技创新活动对产业结构优化升级的带动能力，这种带动能力是通过提升高技术产业科技创新能力、促进高新技术产业化与发挥高新技术影响力、构建友好创新支撑环境来实现的。

通过研究高技术产业创新能力与国家创新能力的关系，进一步对高技术产业创新能力进行明确界定，拓宽了创新能力的外延，从而弥补目前学术界对于高技术产业创新能力界定局限于产业自身的缺陷。

第 4 章

高技术产业创新能力对产业结构优化升级影响机制研究

国内外学者对创新能力和产业结构升级已进行过很多研究，这些研究有力地促进了经济的发展。但从技术带动创新能力的角度研究产业结构升级的文献还不多。高技术产业作为科技型产业，高创新性的特征使之在产业系统或区域系统都担任着引领创新的重要角色。因此，从这个角度研究产业结构升级具有深刻的实践意义。本章通过分析高技术产业创新能力形成过程，研究其带动实现产业结构升级的机制。

根据本书第 3 章有关高技术产业创新能力作为构建国家创新能力的驱动力的讨论可以发现，创新活动呈现链环状，创新的过程同时也是一个价值不断增值的过程。可以说，创新的过程特点决定了高技术产业创新能力建设的基本特点，即高技术产业创新能力建设也是一个过程。从过程的角度考虑构建高技术产业创新能力的构成维度，本书认为需要满足以下两方面要求：

第一，符合创新价值链过程特点的要求[113]。

当前关于测度高技术产业创新能力的一些指标体系难以刻画其创新能力的主要原因，在于它们打乱了创新价值链增值过程中各个环节的基本顺序。创新价值链体现了创新的每一个环节均具有不可缺少的价值增值作用。从上一个环节到下一个环节，创新价值不断放大，到创新商业化阶段其价值得以实现，最终创新扩散并带动整个产业的创新能力的提升、促进产业结构升级。高技术产业创新能力一方面要考虑从创新投入到创新转化再到创新商业化这个累积性能力的建设问题；另一方面还要考虑高技术产业与其他产业协同创新的能力建设问题，在现实生产体系中，高技术产业与其他产业具有广泛的经济技术联系，在产业大系统中，二者之间在互动的创新活动中形成产业创新大系统，同时还会发生与国家创新政策之间的互动关系。

第二，以高技术产业科技创新能力为核心，边界合理的要求。

虽然现有研究成果表明技术创新能够对产业结构优化升级产生显著的正向影响，然而以高技术产业为主体研究高技术产业创新如何对产业结构优化升级产生影响的文献几乎没有。因此无论在理论上和还是实践中，需要构建重要的中介变量来解释高技术产业创新能力影响产业结构优化升级的途径。全面认识高技术产业创新能力的构成维度，不仅要强调高技术产业科技创新能力这个核心要素，还要重视高技术产业创新在国家产业体系中的作用，也就是高技术或高技术成果的转化、扩散能力以及与国家创新政策的关系（如图 4.1 所示）。

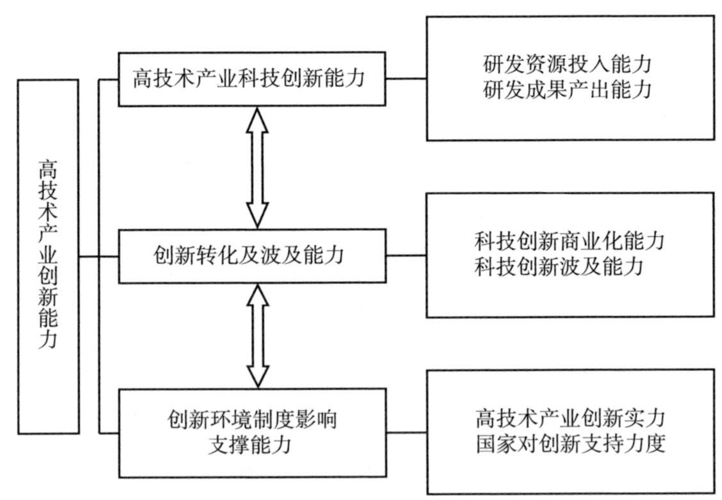

图 4.1　高技术产业创新能力构成维度

在满足以上两个要求的基础上构建出的高技术产业创新能力是下面进一步讨论的基础。

4.1　高技术产业创新能力对产业结构优化升级的影响机制

"机制"一词在《辞海》中的解释是："机制原指机器的构造或动作原理。生物学和医学通过类比借用此词。生物学和医学在研究一种生物的功能（例如光合作用或肌肉收缩）时常说分析它的机制。这就是说要了解它的内在工作方式包括有关生物结构组成部分的相互作用，以及其间发生的各种变化过程的物理、化学性质和相互关系。阐明一种生物功能的机制，意味着对它的认识从现象的描述到本质的说明"。"机制"一词用于经济现象其道理一样，具体说机制的含义包括：第一，关系的联系方式，是指这种关系在联系到具体的对象时可以通过什么途径联结起来。所以，机制通常要与对象的结构联系在一起，对于一个不涉及结构的对象使用机制概念是没有意义的。第二，关系的发生过程。在机制范畴中，不仅要抽象出某种关系以及这种关系的联系方式，还要观察这种联系方式在实现过程中所表现出的各种固有性质和逻辑联系。这里的过程并不是指具体过程，而是指一般地由规律抽象出的关系及其联系方式的发生过程。这种过程仍然是一种抽象，或是说一般性的、原理性的。第三，关系存在条件及其可变性。机制的存在必须考虑条件及其变化的情况，以此增强机制本身的适应性和灵活性。总之，机制是指本质关系或本质之间的关系及其联系方式、发生过程和对存在条件的适应性[114]。基于对机制的上述研究和认识，研究高技术产业创新能力对产业结构优化升级的影响机制问题应当从构成其的三个维度——高技术产业科技创新能力、创新转化波及能力和创新的环境制度影响支撑能力分别展开讨论，具体从以下三个方面展开：第一，分别研究高技术产业创新能力三方面对产业结构优化升级的过程中各主要环节的联系和联系方式；第二，研究这种联系和联系方式发生的逻辑过程，这是一种抽象性的、一般性的过程，而不研究这个过程的具体内容；第三，研究这种联系和联系方式的存在条件及其变化。

4.2 高技术产业科技创新能力对产业结构优化升级的影响机制

如前所述，本书认为高技术产业创新能力不是仅局限于高技术产业本身作为创新主体将高科技知识转化为高技术新产品或新工艺，推动高技术产业发展的能力[115]，是指高技术产业作为创新主体在创造新的技术（包括新产品和新工艺）、新的市场、带动相关产业创新进而推动产业结构优化升级方面所具有的素质和本领。这是一个更广义的概念，高技术产业科技创新能力作为其创新能力的核心组成部分，是指高技术产业在创造新的技术，即新的产品和新的工艺方面所具有的素质和本领。高技术产业创新能力的提升是一个过程，它以高技术产业和相关产业为能动主体，通过对投入生产要素进行能动转换，创造出新的创新产出，在这个由若干从事创新活动的产业构成的创新主体群落中，创新活动在各个产业之间持续发生。其中，投入要素指投入研发的各种资源，创新产出指各种以专利形式表示的知识与技术。

4.2.1 科技创新是高技术产业创新产出的核心，是其创新能力提升的根本动力

高技术产业创新产出包括新的技术、由人力资源转化形成的新的人力资本、新的市场、新的创新产业群等。其中，科技创新是高技术产业创新产出的核心，是其创新能力提升的根本动力。原因有以下几个方面：

第一，新材料的出现是科技创新的结果。材料是人类生产和生活必不可缺少的物质基础，是人类社会文明和进步的重要里程碑。从 20 世纪下半叶开始，新材料便成为高新技术发展的突破口，并在很大程度上影响着新兴产

业的发展进程。高新技术发展中遇到的很多难题，实际上都与材料问题有关，可以说，没有新材料的开发应用，就没有发展高科技的物质基础，就没有新的技术产品和产业进步。因此，掌握新材料是一个国家在科技上处于领先地位的标志之一[116]。当今世界各工业发达国家都把新材料作为优先发展的重要领域。然而，每一种新材料代替旧材料都是科技创新的结果。例如半导体、高集成芯片的出现则是电子技术创新的结果。新材料作为生产资料投入使用将从根本上改变现有产业部门的技术结构，从而引起产业结构的深刻变革。

第二，人力资本的形成以拥有新技术为主要标志。劳动者是新技术的创造者、使用者和改进者，高技术产业创新能力形成的过程，就劳动者而言，是从人力资源向人力资本转变的过程。而人力资本的形成则是通过对人力资源进行教育培训，使劳动者拥有使用、改进新技术的知识、技能和体质。由于现代生产体系中，产业之间、部门之间的网络联结，一项新技术的出现和使用，必然通过劳动者这个能动的主体实现技术的转移与扩散。在这个过程中，一国劳动力的结构也发生了变化，从而改变了产业结构中人力资本的技术素质。

第三，新市场的形成离不开技术创新。新的市场就是新的需求，新需求的形成过程是旧需求突破均衡向新需求转变的过程。促使旧需求向新需求转换的根本动力是技术创新。一国市场需求的扩大从长期看虽然没有止境，但在一定时期内，市场需求的扩大经常会遇到障碍，当市场需求遇到阻滞后，其扩张的冲动并不会因此减弱，要寻找其他要素的替代，但由于生产要素间的关系受到技术的约束，所以替代的弹性是有限的。因此，需求必定寻求更有效的扩张途径，这一途径就是技术创新。因此，市场创新必须以技术创新为突破口。

第四，新产业组织形态产生的重要条件是技术进步。在一定历史条件下，产业组织形态与技术条件具有适配性，一定的技术条件要求特定的产业组织形式与其配套。如产业集群、产业网络、模块化生产方式都是随着现代通信技术的发展而产生的。可见，产业组织创新的前提是技术创新。

综上所述，科技创新是高技术产业创新产出的核心，是其创新能力提升的根本动力。

4.2.2 产业结构升级的技术实质

产业结构升级即产业结构高级化，是指产业结构系统根据产业结构演进的规律，不断从低级向高级演进的过程[117]。从动态角度理解，产业结构升级就是一国产业结构从一种均衡状态向另一种均衡状态的过渡，决定产业结构升级的“瓶颈”是科技创新能力[118]。一国技术创新的前提和基础是原有技术，原有技术是维持原产业结构的平衡器，同时，也是阻止原产业结构升级的最大障碍。产业结构要升级，突破旧有产业结构均衡，唯一的途径就是进行技术创新。可以说，产业结构升级的过程实质上是技术创新不断持续的过程。

高技术产业不仅具有高创新性，还具有广泛的产业关联特性，使得高技术在产业部门之间进行渗透。正如大量事实证明：哪个产业的技术创新活力强，对创新成果的吸收和融合能力强，创新成果的商业化、产业化速度快，适应市场需求的能力强，这个产业受技术进步的影响就大，那么其将进入快速增长时期和规模报酬递增阶段，发展速度越快、规模越大则影响力就越广泛；如果这个产业联系效应大、波及效应明显，就会引起新一轮产业变革甚至产业革命，进而导致产业结构突变，实现产业结构的根本性优化升级。历史上每一次重大的技术革命都导致一系列新兴产业，而且往往不只是一个产业，是一个产业群，因为随着技术的创新与推广，必然会产生生产手段更加现代化、生产过程更加合理化的新生产领域，也伴随着技术密集度高的一系列产品的产生。技术进步不仅是产业发展的支撑，而且是产业结构调整的重要手段。因此，高技术产业的技术创新成为科学技术进入社会生产和再生产运动的一种方式，是科技进步推动社会发展的重要途径。产业结构升级和高技术产业技术创新统一于一国经济发展过程。国家经济发展不但取决于经济存量的增长，还取决于产业结构的高度，对于产业结构高度产生关键影响的是高技术产业科技创新能力的强弱：高技术产业科技创新能力强，则产业结构升级的速度快；反之，则产业结构升级的速度慢。

4.2.3　高技术产业科技创新能力实现产业结构优化升级的机制

在创新要素中，科技是创新能力提升的基础；在创新产出中，科技创新是创新能力提升的动力。在高技术产业创新能力的形成过程中，科技创新能力直接作用于其他两方面——创新转化机制波及能力和创新的环境制度影响支撑能力。因此，下面重点讨论高技术产业科技创新能力通过作用于产业系统实现产业结构升级的机制。

4.2.3.1　科技创新能力带动高技术产业创新能力实现传统产业高技术化机制

传统产业是相对于具有高技术的新型产业而言的，主要指劳动密集型、技术含量低的产业，包括钢铁、煤炭、电力、建筑、汽车、纺织、造船业等产业。目前，以劳动密集型和劳动－资金密集型为特征的传统产业，其创造的价值占中国全部工业产值的90%左右，吸纳了80%左右的从业人员，是中国社会财富的主要创造者。中国传统产业虽然是工业经济的主体，但传统产业比较落后。如中国的煤炭产量位居世界首位，但生产率不到1.0小时/工，机械化程度不足24%，百万吨工亡率4.55人，而美国、澳大利亚生产效率达30小时/工，机械化程度达100%，百万吨工亡率0.02～0.04人。中国传统产业高技术化的速度很慢，主要“瓶颈”在于传统产业创新能力较低，缺乏技术创新的力度。

科技创新已成为现代社会经济可持续发展的主要动力，是传统产业改造提升的核心。传统产业是目前中国自然资源、人力资源、资本和技术最集中的产业，提升其创新能力，根本措施在于技术创新的良性发展。高技术对传统产业的改造和提升，不能只局限于传统技术框架内的一种持续的累进性的量变的技术进步过程，而是要突破传统技术框架，运用高技术使传统产业产生不连续的、突变的、质的技术进步，其实质是生产体系、组织结构和经济结构的飞跃，实现以内涵为主的扩大再生产，使社会生产力发生重大变革和飞跃。提升传统产业创新能力，关键取决于高技术与传统产业结合的程度。由于传统产业技术创新要突破传统技术框架，即开辟具有本质差别的技术途径，因此高技术产业技术创新的一个重要任务就是通过向传统产业的渗透、扩散和融合，将新技术注入传统产业，以加速传统产业的高级化进程，促进传统产品的更新换代，从而为传统产业带来丰厚的利润，增加 R&D 资源的储备，进而实现传统产业技术创新的良性循环。

高技术产业科技创新活动对传统产业的技术进步具有辐射作用，传统产业在与高技术产业竞争的巨大压力下，也只能通过提高自身的技术水平，以维持和提高自身的产业竞争力。高技术产业自身具有较高的劳动生产率，通过促进传统产业的技术创新，为其提供更先进的技术装备、手段和工艺方法，可以促进传统产业劳动生产率的提高。微电子工业的发展使得数控机床逐渐取代传统机床，从而极大地提高了制造业的劳动生产率。在传统产业的产品进入微利时代之时，高技术产业不仅以其自身的高附加值促进工业资本结构的升级，其对传统产业的不同层面进行改造也促使整个工业成本费用利润率的提高。例如，应用现代信息技术和系统工程技术等对传统产业的研发、采购、供应、销售、管理、服务等进行高层次集成，大大削减了生产成本，获得了更高的经济效益。高技术产业生产所用的各种投入品涉及许多现代尖端技术领域，自身的单位增加值能耗低，而且高技术产业通过提高整个工业生产要素配置来提高传统产业的能源利用率，可有力地改变某些产业高投入、高消耗、高污染的落后面貌，使传统产业的产品向能耗更低、物耗更小、效率更高、污染更少的方向发展。

高技术产业技术创新向传统产业渗透是一个系统和过程。这个系统是社会经济技术大系统中的一个子系统，这个子系统的输入输出与社会经济大系统相联系。其输出促进了产业结构升级和国民经济发展，其输入的是市场需求、高技术投入、资源支持和政策驱动[119]。这个过程是通过高技术产业与传统产业间的经济技术联系实现的，高技术渗透、融合到传统产业领域各生产要素中，并凝结成新的生产力结构，使传统产业经济效益发生质的飞跃。这一过程由若干要素构成，其中最主要的是需求拉力、科技推力、资源支持力和宏观调控驱动力，它们控制着高技术的渗透过程。因而高技术产业科技创新向传统产业渗透的总体机制可表达为：高技术向传统产业渗透的各个组成部分，渗透过程的各个环节，通过相互促进合理制约，使系统形成良性循环，具有突进效应，产生经济效益质的飞跃。

4.2.3.2　科技创新能力带动高技术产业创新能力实现高技术产业化机制

技术与产业不是同一层次的范畴，高技术与产业化也不是同一范畴的概念，产业化需要技术支持，技术只有融入产业才能发挥其变革资源配置方式的作用。高技术只有在产业化过程中才能实现自身价值。高技术产业化一般要经历技术开发、产品开发、生产能力开发和市场开发四个阶段，是把新技术成果转化为技术商品投放市场，获得经济效益和社会效益的过程，是形成相关高技术的产业后，再通过产业关联与其他产业相渗透、相融合的过程。换言之，某一领域技术上的最新成果只有实现市场化、商业化后，进行规模化生产，最终实现产业化，才能促进产业结构优化升级。图 4.2、图 4.3 给出了高技术产业化和技术创新的几个阶段的简化流程。

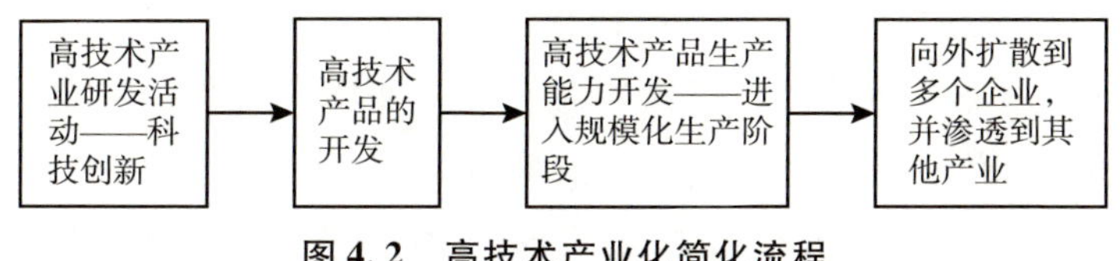

图 4.2　高技术产业化简化流程

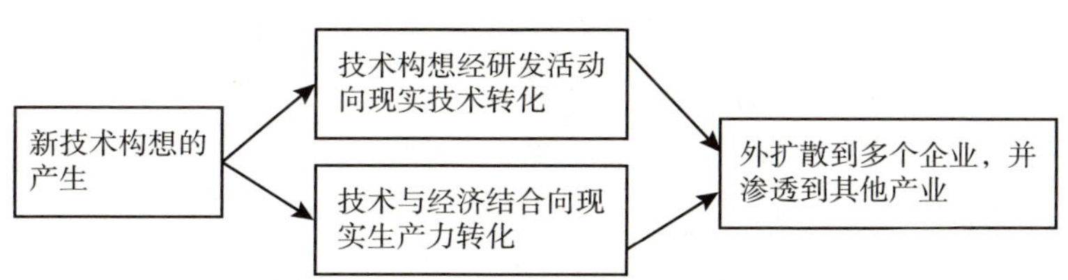

图 4.3　高技术产业科技创新包含的简化过程

从供给方面看高技术产业科技创新对高技术产业化和产业结构优化升级的作用主要体现在：技术创新可以改革生产技术基础、降低生产成本、提高产品质量和劳动生产率。建立在新科学知识成就基础上通过技术创新创造出的科技附加值高的产品，会催生一个新兴部门。由于技术创新是一种前赴后继的过程——很多时候一种创新活动可能派生出另一种创新活动，创新与创新之间是一种技术互补关系，因此，从更大范围来讲，一个部门的技术创新可能导致另一个部门的技术创新，从而形成一系列的新兴产业部门群。例如，随着光学研究的发展出现了光材料产业、光能源产业，而且光学与其他产业领域相结合也产生了一系列的创新融合，形成了光信息产业、光机械产业、激光医疗产业、激光武器产业等新兴产业群。这些新兴的产业部门推动了产业结构的变化和提高。另外，在高技术产业化的过程中，传统产业可以为高技术产业提供完备的辅助工业基础设施和辅助工业系统，因此这也是一个传统产业融合吸收高技术、提高自身技术水平的过程。

从需求方面看，在高技术产业技术创新蓬勃兴起之时应尽可能考虑与经济、市场需求挂钩，也应适当考虑向下游扩散、渗透乃至形成产业的可能，这样有利于提高技术创新的高度和效益。高技术产业化与传统产业改造是基于高技术的高渗透性这一特征。考虑到高技术产业技术创新在向下游扩散、渗透乃至形成产业的可能性，以及传统产业改造本身也是一种市场需求，同样能产生商业价值，因而二者之间存在密切联系。

从图4.2、图4.3发现，高技术产业化流程和科技创新流程出现了重叠。高技术产业创新在一端与高技术产业创新接轨，在另一端与传统产业改造相结合，成为高技术与传统产业改造之间的桥梁，在对传统产业改造的同时也为高技术产业化开辟了一条新的道路。

综上所述，科技创新能力带动高技术产业创新能力实现高技术产业化的机制是：高技术产业技术创新活动使得生产要素自身技术结构素质由低向高转化，并且要素向科技含量高、效益好的部门集聚，这不仅改变了生产要素配置的组合，而且会创造出多种可能的生产要素组合，并且这些组合是高价值、高效率取向的，当这些生产要素被某个特定部门吸收时，新技术就首先在这个特定的部门形成产业。如果在这些部门生产出的新技术产品或服务需求收入弹性呈上升趋势，一方面会导致一系列相关产业部门的兴起，另一方面会促使传统产业融合吸收高技术提高自身生产技术水平，最终的结果是整个国民经济产业系统技术水平的提高，产业层次的上升。

4.2.3.3　科技创新能力带动高技术产业创新能力对环境制度的影响机制

高技术产业的科技创新在初始阶段只能够在一定范围内提高生产要素的使用效率，在生产要素使用效率不断提高的情况下，要求社会产生新的制度满足其发展，否则就会对其发展产生阻碍作用。因为制度创新的内在动力是不断的技术创新的内在要求所引发的，所以在高技术不断提高生产要素的使用效率的条件下，产生了适应于高技术发展的制度。同时，制度创新的最终目的是提高制度效率。在工业社会里，专业化和劳动分工在促进技术进步的同时，也增加生产要素间的交易费用，而且一般情况下技术越发达，交易范围及其复杂程度越高，交易费用也就越高。科技创新能力带动高技术产业创新能力对制度环境的影响机制就是通过提供将交易费用降低到可操作水平的法律、政策程序，来使与先进技术相关联的生产活动能够运行，使既定状况下的生产力潜能得到释放，实现经济增长。

所以，作为高技术产业创新能力的核心部分——科技创新能力通过实现传统产业高技术化、高技术产业化和发挥对环境制度的影响力来促进产业结构优化升级。可以说通过高技术产业科技创新所获得的价值都是双倍的，既有高技术产品开发后形成的价值，也有传统产业改造后实现的价值，并且在这个过程中，高技术产业活跃的技术创新活动以及创新的转移扩散对制度经济环境产生了影响力，从而使得产业系统的创新活动得到了制度保障。这一过程可以通过图4.4直观地表示出来。

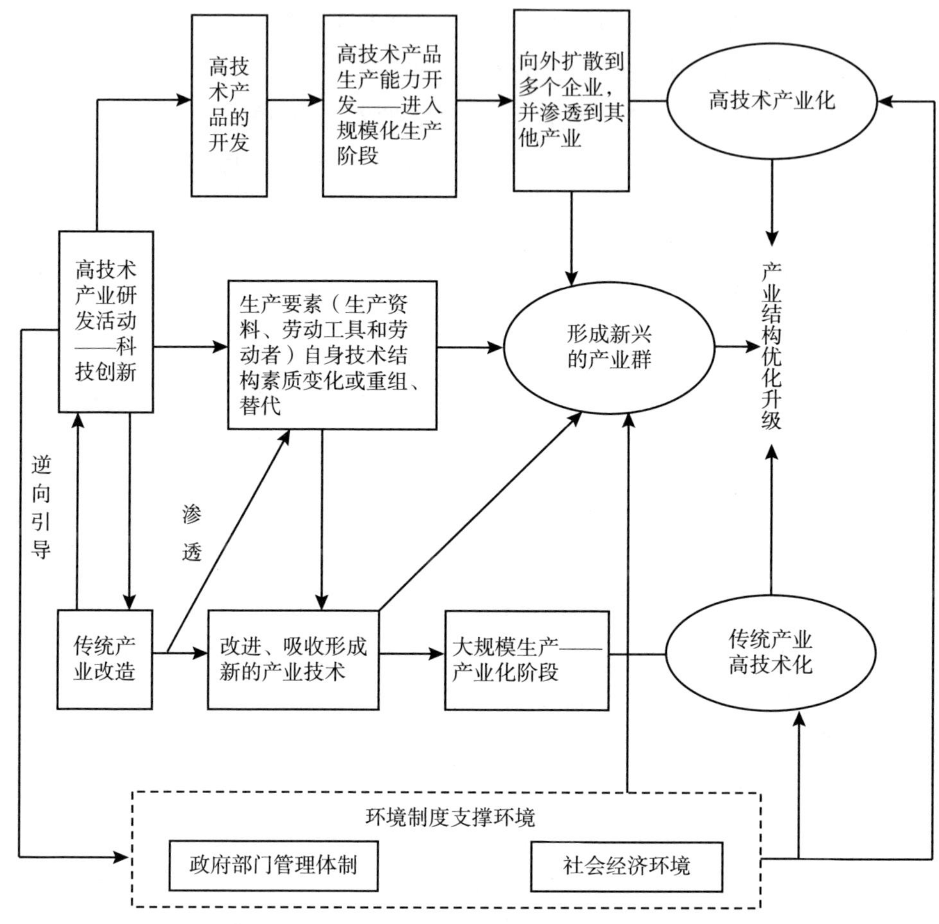

图 4.4　以高技术产业科技创新为核心实现产业结构优化升级的机制

4.3　高技术产业创新转化波及能力对产业结构优化升级的影响机制

前面探讨了高技术产业科技创新能力推动了高技术产业化，带动了高技术产业、传统产业、新兴产业的发展进而实现产业结构优化升级，图 4.2、图 4.3 以单向流动的形式表现这一过程，是为了突出表现高技术产业科技创新能力作为高技术产业创新能力的核心角色对产业结构优化升级所起的作用。高技术产业化、传统产业高技术化实际上也是高技术产业化的一种方式，是高技术与传统产业相结合实现的高技术产业化，以及新兴产业群的兴起都会对科技创新活动产生循环往复的刺激作用。这主要还是源于产业间的技术关联性。下面重点讨论高技术产业创新成果转化（产业化）及波及能力对产业结构优化升级的影响机制。需要指出的是，本书以下研究的高技术转化（产业化）对产业结构优化升级的影响机制中，高新技术是高技术产业科技创新的成果。在这一节的讨论中，仍旧以示意图的方式阐述该机制，是在图4.4的基础上发展而来的。

4.3.1　高技术产业化（转化）波及过程基本问题研究

高技术转化（产业化）是个动态过程，指高技术转化为生产力的过程，即把潜在的高技术转化为现实的高技术，转化为高技术产品或产业中的高技术。高技术转化（产业化）的过程是技术创新顺利完成，并成功进行创新扩散，促使国家产业结构升级的过程，是一个系统化的过程。可见，高技术转化（产业化）过程也是技术扩散、波及的过程。考察各国高技术产业化的发展过程，我们不难看到这样的运行模式，即经过 R&D，形成可应用的高技术，高技术与资金、劳动等其他生产要素组合在一起，经过高技术企业的整合，形成高技术产品，产品在市场上销售后，技术通过商品的形态实现了其经济上的功能。随着高技术商品的扩散与渗透，高技术得到推广，从而使创新得到扩散，创新扩散意味着新的技术为更多的企业、产业所采用，从而带动产业结构升级，推动了经济的发展。

4.3.2　高技术转化（产业化）是促进产业结构优化升级的根本动力[120]

产业结构的优化升级就是产业结构向合理化和高度化方向的演进。这里包括两方面内容：一是结构效益优化，即通过同级结构相关性关系的合理化，提高产业系统的整体经济效益。二是转化能力优化，即通过产业结构高度化优化传统产业和形成高新技术产业，提高产业结构转化社会资源的能力，以满足市场需求的效率和质量。

高技术转化（产业化）主要是通过提升社会需求结构和改善产业技术结构来促进产业结构优化升级的。社会需求是在一定的收入水平条件下，社会各个消费群体对各产业部门的产品和服务的需求比例关系，它决定了产业间产品和服务关联结构。高质量和高效率地满足社会需求是对优化产业结构的基本要求。高技术转化（产业化）有助于降低产业对资源的消耗，实现经济的集约增长，从而有效地解决社会需求规模扩张与社会资源供给之间的矛盾。更为重要的是，高技术转化（产业化）不仅增加了消费总量，而且改变了消费结构，推动着消费结构沿着生存消费、享受消费和发展消费的梯度依次逐级上升，从而刺激新的产业部门应运而生，最终促进整个产业结构升级。产业技术结构是指各产业部门间的生产技术结构、劳动生产率结构、技术对生产的贡献结构、技术创新和技术引进结构、产品和服务的技术含量结构等，它决定了产业间技术关联结构。高技术转化（产业化）是推动产业技术关联结构优化的最活跃、最积极的因素。高技术转化（产业化）最直接的经济后果就是形成不同产业部门的比较劳动生产率，拥有高技术的主导产业可以大量吸收最新科技成果以提高本部门生产率，使生产要素从比较劳动生产率低的部门向高的部门转移，形成优胜劣汰的产业进入和退出机制。更为重要的是，高技术转化（产业化）还可以通过技术扩散、渗透与诱导机制，推动相关产业的技术变革和产业升级。例如，中国目前已经成为自然资源消耗大国，一方面是经济发展对资源的需求量越来越大，另一方面是居高不下的单位产值能耗和严重的资源浪费。通过新材料、新能源以及信息和环境等高技术产业的扩散和辐射作用，可以寻找新的可替代材料，降低能耗，发展循环经济并有效地保护环境。因此，无论是发展高技术产业还是高技术向关联产业渗透，都会导致社会总劳动在各个产业之间的配置和比例关系发生变化，从而促进产业结构的优化和升级，使整个产业结构系统平稳、持续地趋于合理化和高度化。

4.3.3 高技术转化（产业化）波及能力对产业结构优化升级的影响机制

为了阐述高技术产业创新转化（产业化）波及能力对产业结构优化升级的影响机制，笔者进一步将高技术产业化过程分为高技术转化（产业化）的初级阶段和高技术转化（产业化）的高级阶段。其中，高技术转化（产业化）的初级阶段是指从R&D到技术创新这一段时间。在这一阶段，转化（产业化）的主体是高技术企业，通过企业的生产经营活动，实现技术创新，从而将高技术由知识形态转变为物质形态，从潜在的生产力转化为现实的生产力，完成了从技术到经济的质的飞跃，所以这一阶段是高技术转化（产业化）整个运行过程中的基础和核心。在高技术转化（产业化）初级阶段的模型中，行为主体是高技术产业的R&D机构和高技术企业。R&D机构的主要活动是从事技术发明与创造，从而为高技术企业提供投入要素中的核心要素——高技术。之所以称其为核心要素，是因为高技术是整个转化（产业化）过程的根本，其他要素（资金、劳动、原材料等）在企业的生产经营过程中围绕这个核心并与之结合起来，形成高技术商品。高技术企业的行为就是从事生产经营，按照熊彼特的观点，企业家对各种生产要素进行组合，从中谋取某种垄断利润，其实质是技术创新的过程。

创新完成后，从创新扩散到结构升级这一时期称为转化（产业化）的高级阶段。技术创新将高技术首次应用于生产，完成了技术与经济的结合，实现了高技术转化（产业化）过程中质的飞跃。然而质的突破要经过量的积累才能显示出其经济意义。只有经过扩散，高新技术波及其他行业，带动技术进步和产业升级，才能实现高技术转化（产业化）对经济发展的最大贡献[121]。根据前面分析，高技术转化（产业化）的高级阶段是通过提升社会需求结构和改善产业技术结构来促进产业结构优化升级的，这个过程如图4.5所示。在这个过程中，产生了三种结果：其一是高技术产业规模的壮大，是直接通过技术转让或创新模仿等过程，促使本产业规模的壮大。其二是相关产业主要是传统产业的技术升级，主要通过产业间的技术关联，高技术渗透到其他相关联的产业，应用到它们的生产过程中，或直接与它们的原有产品结合，使其具有改进的功能，提高了劳动生产率，进而提高了效益，带动了这些产业的升级。如将数控技术与普通机床结合，形成数控机床，数控机床又作为先进设备在众多工业企业中普遍运用，使劳动生产率得到很大程度的提高，对经济增长做出了巨大贡献。其三是新兴产业群的兴起，由于

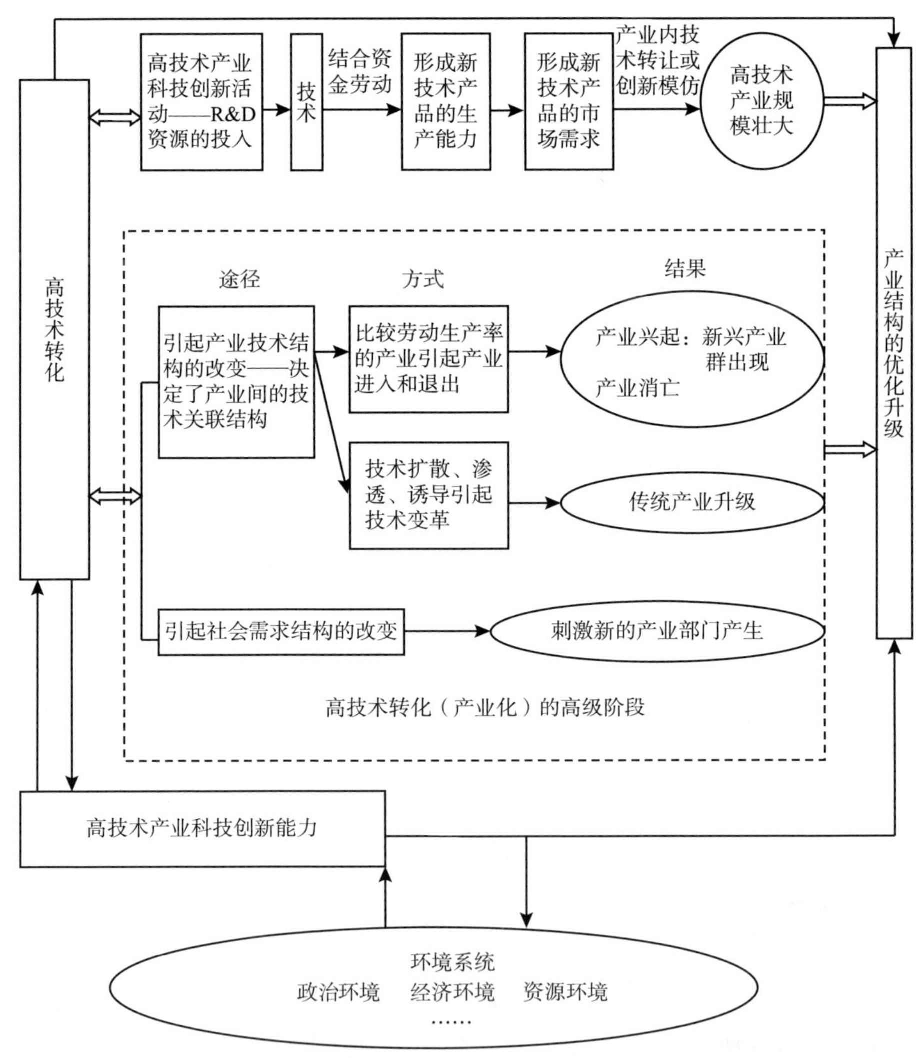

图 4.5　高新技术转化波及能力实现产业结构优化升级的机制

比较劳动生产率和社会需求的变化，形成了一批新兴产业群。这样，高技术经过转化（产业化）和扩散最终使得传统产业技术升级、自身规模扩大以及新兴产业群产生，促进了产业结构的升级，在推动经济发展方面实现了第二次质的飞跃。而且这个过程同样会对制度环境、经济环境产生影响。

在这里还需要特别提出，高技术产业规模的壮大、传统产业的技术升级以及新兴产业部门的出现又可以为高技术产业创新成果转化（产业化）提供强大支撑，包括资金支撑、市场支撑和实验、中试及生产基地的支撑。并且，在高技术转化（产业化）的基础上形成新一轮的高技术产业科技创新过程，从而又进入科技创新推进产业结构优化升级的阶段。可见，高技术产业科技创新与产业化是相互联结、相互促进的。

4.4　高技术产业创新环境制度影响支撑能力对产业结构优化升级的影响机制

高技术产业创新环境制度影响支撑能力是指在高技术产业创新活动的开展、科技创新在相关产业间转移和扩散的过程中对外部环境的影响能力或者外部环境对这一过程的支撑能力。其中外部环境主要包括高技术产业所处的行业环境、政策环境、国家的创新战略环境等。

影响产业结构变动的因素是多方面的，包括制度与非制度的因素。国外的产业结构理论来看，明显与中国实际经济情况不符，原因在哪里呢？在于中国处于经济体制转轨的阶段，所以，从一般的理论或者从普遍存在的因素来分析中国的产业结构就会遇到困惑。其深层次的原因，是中国处于从计划体制向市场转型的阶段，市场作为调节资源配置的基础地位没有完全建立起来。因此，本节需要研究两方面的外部环境因素：一是市场经济体制内的环境因素，主要是高技术产业的行业环境；二是国家制度安排对创新的影响，主要是政府对创新的经济支持力度。下面将分别考察二者是如何推进产业结构优化升级的。

4.4.1 高技术产业环境影响支撑能力与产业结构优化升级

之所以高技术产业创新环境影响支撑能力与产业结构优化升级能发生联系，主要源于高技术产业技术创新的特性及其市场竞争的特点，它们共同决定了高技术产业的行业环境具有集群特征，高技术产业集群的发展进一步推动了产业结构的优化升级。

4.4.1.1 高技术产业技术创新和市场竞争的特点

技术创新是高技术产业的一个突出特征，高技术产业的技术创新又具有其鲜明的特点：(1) 技术创新是多种因素相互作用的复合体。高技术产业、科学技术研究机构都是技术创新的参与者。(2) 技术创新是一种前赴后继的过程。当前的技术创新源于从前的技术创新，同时也可能进一步刺激以后的创新。(3) 在高技术产业中，技术创新是一种学习的过程，是与“干中学”等活动紧密相关的。另外，在高技术产业中，技术创新的速度非常快并且具有显著的技术扩散机制。

高技术产业技术创新的特点决定了高技术产业是一个高度垄断性和高市场竞争性并存的产业，其产品凭借较高的技术含量、附加值，具有很强的技术优势和成本优势，市场竞争力强，因而具有高度的垄断性；但同时又受到同行业的竞争威胁，也就是说在市场竞争过程中受到具有可替代性技术垄断的竞争威胁。简单说其市场竞争的特点主要有以下几方面：

(1) 高技术产业的市场竞争具有先行者优势。从长期看，在波浪式技术发展大潮中，所有高技术产品都无法为企业带来长期利益，不过由于技术的“锁定”效应，使得首先开发出新产品的企业，享有先动优势。这是因为高技术拥有者常可以凭借优势地位，利用生产规模迅速扩大促成单位成本降低，产品普遍流行会导致学习效应提高，众多经济主体采用相同技术所产生的协调效应，在市场上促使人们形成流行预期，从而实现技术的自我增强的良性循环。

(2) 高技术产品的生命周期随着技术创新的发展而缩短，很少使企业保持长期竞争优势。高技术产品大多属于创新型产品，其单位产品生产成本中研究与开发成本占有较大比重。随着知识经济的日益深化，其产品生命周期大为缩短。此外，高技术产品的大范围扩散和技术溢出效应也使得成功的高技术产品容易被竞争对手所模仿，从而难以保持其竞争优势。

（3）高技术产品市场需求不易预测。高技术产业的需求具有无意识性、棘轮性、不确定性高的特点。高技术产业开发新产品时往往处于顾客对该产品缺乏了解的状态，而许多常用的市场需求预测技术是根据传统产品的特性设计出来的，因而高技术产品的市场需求不易预测。

4.4.1.2　高技术产业环境影响支撑能力对产业结构优化升级作用机制

由高技术产业的科技创新和市场竞争特征决定，高技术产业具有范围经济性、关联经济性、速度经济性和规模经济性，加之高新技术产品由于其生命周期较短，升级换代较快，往往不以当地消费导向为主，所以具有风险性。这就需要高技术产业本身具有较强的行业实力，主要体现在较高的劳动生产率、较强的产业竞争力以及较高的产业集聚程度等。这种较强的行业实力可以吸引高技术产业创新所需要的人才和资金等重要资源。首先是人才，人才即指拥有丰富的知识和高度专业化技术的高层次人员，他们是高技术产业创新的推动力量。其次是资金，充足的资金来源是高技术产业创新的保障。此外，在一定时期内，围绕某项特定的创新技术会形成一定的技术创新链，由于内在关联性和技术势差的存在，各创新因子在流动中引发连锁、协同效应，可以横向扩散和纵向渗透。因此，较高的产业集聚程度有助于创新成果的溢出，从而带动相关产业的技术升级，引起产业结构的优化升级。

较强的行业实力为高技术产业科技创新和创新成果的转化扩散提供了环境支持，这种行业环境有利于产业结构的优化升级。其对产业结构优化升级的作用机制是：具有较高劳动生产率和较强竞争力的高技术产业将更有效地配置区域的资源，人和资金向高技术产业流动，致使行业实力增强，这将有助于高技术产业科技创新以及创新成果的转化和扩散（这一过程与前述的影响机制研究是一致的）；同时，高的产业集聚程度使得创新成果溢出效应更加显著，从而带来高技术产业内部和产业间的技术流动，促进了高技术产业化、规模化与传统产业高技术化，从而优化了产业结构。这一作用机制如图 4.6 所示。

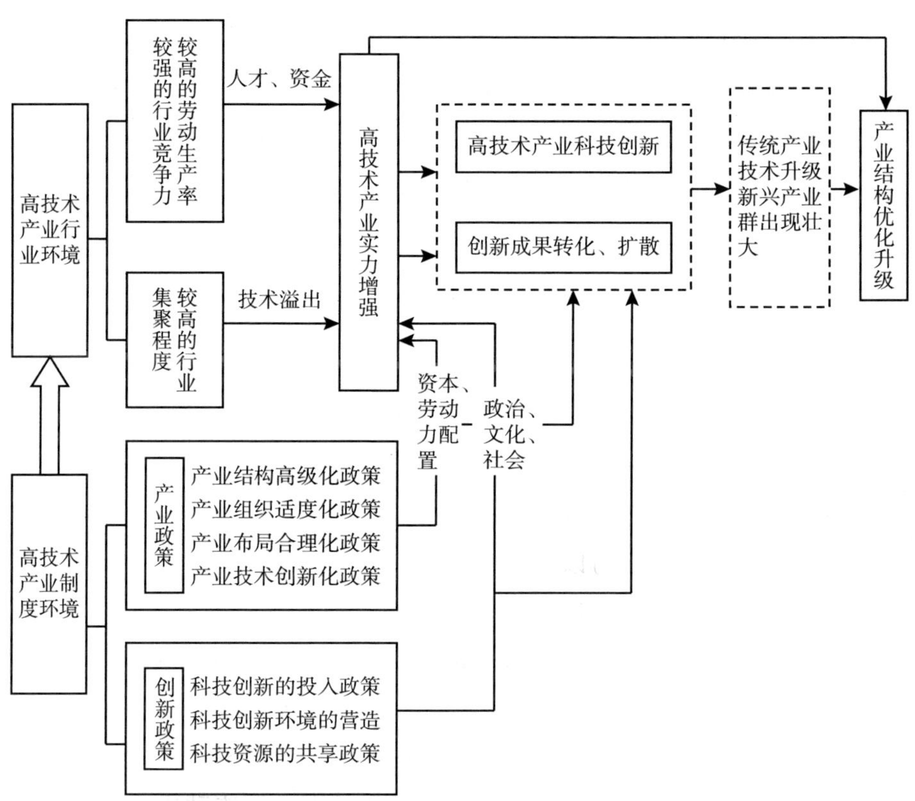

图 4.6 高技术产业环境制度影响支撑能力实现产业结构优化升级的机制

4.4.2 高技术产业制度环境与产业结构优化升级

4.4.2.1 制度与产业结构优化升级的一般问题研究

传统的制度概念一直被看作政治学的“专利”，直到制度本身所包含的效率受到人们的特别关注时，这一概念才进入经济学家的视野。传统经济学家将经济组织当作经济制度，他们认为，经济制度是组织安排的复合体。如阿兰·C. 格鲁奇（1985）指出，经济制度可以定义为各个参加者的组织发展的复合体，参加者是同分配稀缺资源以满足个人和集体的需要有关的[122]。新制度经济学则认为制度是活动主体内生的，自发产生的规则。如诺思（1990）认为，“制度是一个社会的游戏规则，更规范地说，它们是为决定人们的相互关系而人为设定的一些制约。制度提供了人们在政治、社会或经济方面发生交换的激励结构，制度变迁则决定社会演进的方式，因此，它是理解历史变迁的关系”[123]。并且，他将制度与组织明确区分开来。组织包括政治团体、经济团体、社会团体和教育团体，它们是为达到某一目标而受到共同约束的个人团体，是在现有约束所致的机会集合下有目的地创立的。但是从总体来看，新制度主义者一般均认为制度有两层基本含义：其一，制度是行为规则，决定着人们在经济发展过程中能够与不能够做什么事；其二，制度是人们结成的各种经济、社会、政治等组织或体制，决定着一切经济发展活动和各种经济关系展开的框架。

尽管新制度经济学认为制度是活动主体内生的，自发产生的规则，似乎是私人产品，但从制度需求者来说，希望通过约束他人的权利，增加自己的权利，减轻自己的义务，增加他人的义务。但是制度亦是公共选择的产品，使从自利性出发形成的暂时制度均衡成为较长时期的制度均衡。它与任何公共品一样，具有非竞争性和非排他性。制度总是公共活动的产物，与制定制度的公共组织机构的特性有着必然的联系，所以，对高技术产业创新制度环境问题的研究，实际上是对制定制度的公共组织机构特性和行为方式进行研究。

4.4.2.2　高技术产业创新制度对产业结构优化升级的影响机制

在产业结构优化升级的过程中，制度安排是在各产业部门具体活动主体的共同的、独立的、博弈的选择集中产生的。产业优化升级的制度是指各产业组织在对原有产业关联关系进行分化和重组过程中产生的权利义务匹配与约束的规则体系。它包含了产业组织、政府组织、产业运作、产业分解和产业重组等方面的权利义务。也正是各产业产权主体在权利义务的多样化配置，形成了截然不同的经济体制，从而形成不同的产业结构优化升级制度：

当权利与义务集中于或相对集中于微观行为主体的制度安排时，产业结构调控取决于微观主体的行为；而当权利与义务集中于或相对集中于政府的制度安排时，产业结构调整取决于政府行为。前者被称为“市场调节制度”，后者被称为“政府调节制度”或“计划调节制度”。

在一般的结构变动和结构调整模型中，影响结构变动的变量一般是制度因素和非制度因素。制度因素包括正式制度和非正式制度，正式制度有政策、法规和经济运行机制等；非正式制度因素指习惯、风俗、思想和观点等。制度还可以分为外生制度和内生制度，外生制度有法律法规和政策设计，内生制度指内生于市场经济的市场秩序等。制度还可以分为直接和间接的制度，对影响产业结构的制度来说，直接的有金融制度、投资制度、人口流迁等要素，而税收制度、汇率制度等是间接作用于生产要素，因而间接影响生产及生产结构。鉴于制度的不能穷尽，本书选取的制度是专指政府对与高技术产业创新有关的政策性制度，包括政府有关高技术产业的政策、有关创新的政策等。这些政策性制度对高技术产业创新活动以及技术创新成果的转移、扩散具有促进或阻碍的作用，进而影响到产业结构的优化升级。

其中产业政策是国家经济发展战略的体现，国家根据发展战略要求，培育新的产业或强化战略性产业，培育新的比较优势。它强调在国家层面上对产业布局、产业结构、产业组织和产业技术等方面加强战略调整[124]。一般来说，产业政策的干预内容范围较广，产业政策可细分为四个方面，即产业结构高级化政策、产业组织适度化政策、产业布局合理化政策和产业技术创新化政策等，四者相辅相成，缺一不可。

当前中国经济结构已出现严重失衡：三次产业结构不合理，农业基础地位需进一步加强；第二产业比重偏高，服务业发展滞后；工业中传统产业、低技术含量和低附加值的产业仍占主导地位，产业结构升级的内在动力不足；服务业内部结构不合理，传统服务业比重仍然偏大，现代服务业发展缓慢，特别是金融、保险、咨询、物流等现代服务业或生产型服务业发展较慢。除了发挥市场机制调节资源配置的基础作用外，国家还需要从宏观经济的角度进行调节，尤其是利用产业政策加以引导。因为产业结构的调整和优化是一个市场过程，但由于市场经济所固有的盲目性，仅靠市场机制的调节难以形成结构合理、优化有序、有利于经济持续健康发展的经济结构或产业结构。而产业结构升级的内在动力不足是产业结构失衡的主要原因，因此，当前产业政策的关键就是促进技术进步、实现比较优势的动态升级、提高产业竞争力。由于高技术产业具有技术含量高、产业关联度大的特征，而且目前中国的高技术产业主要集中在装备制造业领域，因此，有利于高技术产业发展的政策在加快发展高新技术产业的基础上，还会进一步增强高新技术产业对经济增长的带动作用，对农业现代化、传统工业行业技术升级以及现代服务业的发展都会产生积极推动作用。

根据国家创新体系理论中的新熊彼特主义者——弗里曼提出的“政府的科学技术政策对技术创新起重要作用”的观点，政府的职责还应该包括制定科技创新政策，通过政策的引导和推动，不断提升高技术产业的创新能力，主要是在科技创新的投入、科技创新环境的营造、科技资源的共享方面制定相关政策，一方面有利于高技术产业科技创新能力的提升，另一方面也有利于创新成果的转化与扩散，增强了产业结构升级的内在动力。

综上所述，以创新为产业基本特征的高技术产业，代表着未来经济的发展方向，也关系到经济的增长后劲。高技术产业的发展及创新能力的提高除了发挥市场机制的作用外，还需要国家从宏观经济的角度进行调节，尤其是利用产业政策和创新政策加以引导。产业政策和创新政策为高技术产业创新提供了有效的资本配置和劳动力配置以及良好的政治、社会、文化环境，为其创新能力的提高提供了制度保障，同时形成了有利于创新成果的转化扩散的制度环境，整个产业体系通过创新过程的交互性，即重视反馈作用在创新的上游阶段和下游阶段所扮演的重要角色，以及发生在产业内部和产业之间的科学、技术和与创新相关的活动之间的大量的交互作用，形成创新网络，为进一步的创新活动奠定基础。图 4.6 可以说明高技术产业创新的制度安排对产业结构优化升级的影响机制。通过图 4.6 我们发现，有效的制度安排有利于形成以高技术产业创新能力为核心的产业创新网络，创新活动在产业之间畅通无阻地交互进行，形成循环往复的创新链，从而不断增强产业结构优化升级的内在动力。

本章小结

本章是全书的主体部分，通过将高技术产业创新能力分解为三个维度：高技术产业科技创新能力、高技术产业化机制传导能力和高技术产业创新环境制度影响能力，分别分析了这三个维度对产业结构优化升级影响机制：高技术产业创新能力的三个构成维度之间是相互作用、相互提升的，通过高技术产业的科技创新活动、创新成果的转化扩散以及良好的产业发展环境带来高技术产业本身的壮大、传统产业技术升级和新兴产业群的出现，从而实现产业结构的优化升级。

第 5 章

中国高技术产业创新能力评估

从理论上而言，高技术产业创新能力可以促进一国产业结构优化升级。理论的结果需要实证的支持，因此，本章和第 6 章将从实证的角度首先对中国高技术产业创新能力和产业结构优化升级的情况进行评估，继而研究高技术产业创新能力对产业结构优化升级的影响。这两章的研究有三个目的：一是评估 1995 ~ 2008 年中国高技术产业（行业）的创新能力和产业结构优化升级的情况，将选取合适的度量二者的指标体系进行综合评价；二是检验中国高技术产业（行业）的创新能力与产业结构优化升级之间是否存在关系，存在怎样的关系，即前者的创新能力是否促进了中国产业结构的优化升级；三是检验构成高技术产业（行业）的创新能力的三个维度——科技创新能力、创新转化波及能力和创新的环境制度支撑能力对产业结构优化升级的影响，即研究创新能力是如何促进产业结构优化升级的，这也是从创新能力角度寻求推进产业结构优化升级的路径。这两章将采取计量模型定量分析高技术产业（行业）创新能力及构成维度与产业结构优化升级之间的关系，定量描述它们促进产业结构优化升级的显著性和强度。

这里还要对本书的研究方法加以进一步说明，以往研究技术（科技）或高技术产业对产业结构的影响往往是讨论两个单变量之间的关系，如赵玉林、张钟芳（2008）以高技术产业增加值占 GDP 的比重作为高技术产业发展的代表变量，分别研究其与第一、第二、第三产业比重变化的关系，同时以高技术产业增加值作为高技术产业发展的代表变量，分别研究其与工业技术结构升级（以 R&D 经费占产品销售收入比重表示）、工业劳动结构升级（以工业全员劳动生产率表示）等的关系。而对于高技术产业创新能力及构成维度与产业结构优化升级的描述，单一指标难以全面衡量，需要建立指标体系从各种角度加以描述，因此，二者属于两个复合变量。检验二者关系时，本书借鉴了王孝斌、陈武等（2009）① 研究区域智力资本与区域经济发展关系时的处理方法，首先对两个复合变量进行综合评价，进而利用综合评价的结果考察它们之间的关系。

5.1 高技术产业创新能力的影响因素分析

高技术产业创新能力不仅是推动行业发展、高级化的主要动因，也是推动产业结构优化升级的主要动力。高技术产业创新能力的形成和提高都是在新技术、新工艺从“产生——转化——应用——产业化——扩散到其他产业——创新反馈——高技术产业二次创新”的不断循环中实现的，是高技术产业科技创新能力与整体产业系统创新能力提高的有机结合。以高技术产业创新技术、创新工艺的形成、转化、实现相依托，着眼于创新能力形成的全过程，通过过程研究把握高技术产业创新能力对产业结构优化升级的影响。

从过程出发将影响高技术产业创新能力的因素分为三个层次，如图 5.1 所示。

图 5.1 是在本书第 4 章分析的基础对高技术产业创新能力及构成维度所做的进一步分解，为后面建立高技术产业创新能力评价指标体系奠定基础。其中：第一，高技术产业科技创新能力是指高技术产业进行科技创新所具有的创新资源投入和产出能力。它不仅代表一个行业进行科技创新所拥有的机构、人员、经费、成果的数量和质量，也能反映行业科技实力转化为技术能

① 王孝斌，陈武，王学军. 区域智力资本与区域经济发展［J］. 数量经济技术经济研究，2009（3）：16－31.

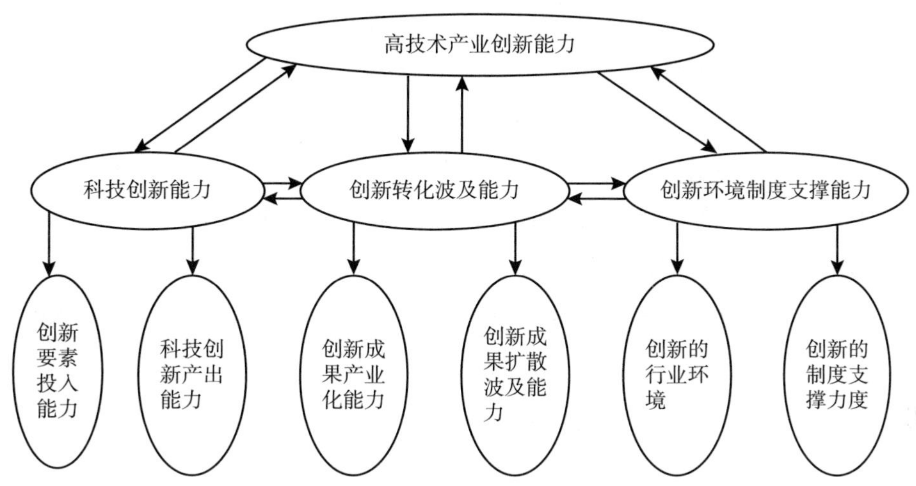

图5.1　高技术产业创新能力影响因素分解

力的水平，是最为根本的影响因素。从整体上看，高技术产业从事科技创新活动的机构、人员、经费、成果的数量和质量是整个行业进行科技创新必备的基础条件，也是高技术产业推进产业结构优化升级的先决条件。因此，高技术产业科技创新能力可以从创新资源投入水平和创新成果产出水平两方面建立相应的子指标体系。第二，高技术产业创新转化波及能力是指高新技术产业化、市场化能力和高新技术的辐射波及能力。创新成果经过中试、规模化生产和技术在产业内扩散形成最终产品，并成功进入和占领市场，形成现实生产力，这是科技创新的根本目的所在。同时由于产业间的经济技术联系，创新成果会波及与高技术产业直接和间接相关联的其他产业，进而在产业间引发连锁的创新行为，增强产业结构的转换能力。一旦创新在产业系统中连锁发生，一种逆向的反馈需求就会再次传导给创新资源最为丰富、创新能力最强的高技术产业，进而在更高层次的产业体系中发生新一轮的创新活动。可见，市场需求和社会生产力的发展会反过来促进高技术产业科技创新的深入开展，加速创新构思的形成、转化、扩散，从而形成一种良性循环，不断促进一国经济的可持续发展。要实现高技术产业创新能力的提高，必须实现新技术、新工艺向现实生产力的转化，要实现高技术产业创新能力对产业结构优化升级的推动作用，必须加强高技术成果在产业间的扩散能力。因此，创新转化波及能力可以从科技成果转化和扩散两方面建立子指标体系。第三，高技术产业创新的环境制度影响支撑能力。环境影响支撑能力主要是行业的组织环境和整体实力对创新的促进或制约作用，二者之间有一定的正相关关系。适宜的组织环境、强大的行业实力——主要包括经济实力、行业竞争力有助于形成较强的创新意识，进而带来管理水平、技术装备水平、创新投入水平的大规模提高。但行业的组织环境和整体实力具有先行性，一般来讲，目前的行业环境和实力是行业过去创新活动的结果，同时也是未来行业创新活动的支撑条件。另外就是创新的政策环境，政府的创新政策一方面作为条件可限制科技创新主体的行动取向和范围，另一方面又为创新行为提供条件和工具。鼓励创新、扶持创新的政策为高技术产业以及其他产业的创新活动提供了制度保障，有利于创新活动的开展和创新成果的转移扩散，继而保证创新在产业系统中形成良性循环。因此，创新环境制度影响支撑能力可以从高技术产业的行业环境和政府对创新的投入力度两方面建立子指标体系。

5.2 高技术产业创新能力评价指标体系设计

高技术产业创新能力的评价是一个复杂的系统问题，是将高技术产业的创新活动置于产业大系统中，其中既包括对高技术产业科技创新能力的评价，又包括对高技术产业创新转化波及能力的评价，还包括为充分发挥高技术产业科技创新能力、创新转化波及能力所需的行业环境和制度环境的评价。因此，在评价过程中要兼顾宏观评价与微观评价相结合、单项指标与综合指标相结合、静态评价与动态评价相结合等，因此必须利用多指标构成的指标体系才能进行科学、全面、系统的评价。

5.2.1 高技术产业创新能力评价指标的概念和特点

高技术产业创新能力评价指标是用来说明在一定时间、空间条件下高技术产业创新能力的某些方面、某些环节、某些层次的某种属性特征的基本概念或范畴以及数值表现，它是高技术产业创新活动发生、转化、扩散、波及真实属性的科学概括。选择科学、客观的评价指标是进行高技术产业创新能力评价活动的前提，通过评价可以反映高技术产业科技创新的投入、转化、产出规模、波及程度以及对产业结构优化升级的影响程度。

高技术产业创新能力评价指标应具有以下特点：第一，指标含义要明确，评价指标不仅要具有明确的理论含义，同时也要有详细的统计解释。第二，指标口径要统一，评价指标所反映的空间范围、时间条件、内容要有明确的规定，不同时期行业要保持统一性。第三，指标要具有数量性，为了便于不同时期高技术产业创新能力的比较，定量研究高技术产业创新能力对产业结构优化升级的影响，评价指标应是可量化的。第四，指标计算方法要统一，评价指标要有统一、规范的计算方法和计量单位，以便于进行不同时期的比较。

5.2.2　高技术产业创新能力评价指标设计的原则

结合产业结构优化升级来讨论中国高技术产业创新能力问题，需要重点遵循四条原则。

5.2.2.1　从过程出发把握整体的原则

从前述高技术产业创新能力的含义中可以看出，高技术产业创新能力被置于产业大系统中，其形成过程是在新技术、新工艺从“产生——转化——应用——产业化——扩散到其他产业——创新反馈——高技术产业二次创新”的不断循环中实现的。因此，高技术产业创新能力评价研究对过程的把握体现在评价指标设计上，就是对高技术产业知识生产——知识转化扩散——知识产出（效益）的过程建立评价的一级指标。这一过程体现了创新的基本特点是一个过程，而且是一个价值不断增值的过程。当前一些测度高技术产业创新能力的指标难以完整刻画其主要成因，原因在于它们的研究视角过于局限于高技术产业本身，忽视了高技术产业的创新活动会引起产业链条中其他行业的创新互动问题，这种互动的结果也会对高技术产业的创新能力产生不可小视的反作用。因此，可以说高技术产业创新能力的形成与提高呈现一种链环模式，链条上的每一个环节都是不可缺少的。高技术产业创新能力建设是"创新投入——创新转化——创新商业化——创新扩散（波及）"的循环往复的累积性能力。这一过程中的各部分相互作用、相互结合、协同发展，各部分的子能力对高技术产业创新能力的作用大小不同，对产业结构优化升级的影响也不同。

5.2.2.2 以高技术产业科技创新为核心，边界合理的原则

现有高技术产业创新能力指标体系多种多样，有的研究指标体系过多包含了经济社会指标，有的则局限于研究开发活动本身，有的研究指标有较多重复，还有的主观指标过多，均没有能够清晰地区分高技术产业创新能力包含的子指标的边界。实际上，不同测度对象和不同测度层次需要的指标因素是不同的，如测度一个企业创新能力的指标显然不能与国家创新能力的指标一样。不同对象或不同层次的创新能力指标体系应当具有不同的边界。

本研究认为，高技术产业创新能力指标体系边界的确定应当以科技创新为核心，以"投入——转化——商业化——扩散（波及）"为主线。

首先，高技术企业创新能力是各层次创新能力建设的基础。创新能力的核心指标实际上是科技创新从投入产出，再到创新商业化和创新扩散（波及）过程中时间与空间的代表性指标。科技创新投入能力指标主要包括研究开发经费、人员和技术的投入三个方面；科技创新产出能力指标主要包括专利和论文等技术类产出；创新转化能力指标主要包括固定资产投资能力、装备能力、生产能力；创新商业化能力指标则主要包括创新产品利润与利润率两个指标；创新的扩散（波及）能力主要包括高技术产业的技术感应力和影响力两个指标。

其次，创新的环境和制度影响支撑能力也是高技术产业创新能力建设不可缺少的指标。高技术产业创新能力还应包括反映行业环境和制度环境指标。创新环境影响能力指标主要是高技术产业组织环境和政府的制度安排是否有利于创新的产生和扩散。对于后发国家来说，政府创新政策的作用极为

重要，是产业创新能力建设的必要条件，创新政策体现了政府促进创新能力建设的意图和意志。另外，产业创新的目的是提高产业竞争力，产业竞争力是产业创新的延伸和支撑对象，是构成产业创新环节的重要一环，缺乏竞争力指标，产业创新能力指标集就会不完整。所以，在高技术产业创新能力测度中，还应当包括政府对创新的投入力度、高技术产业的组织环境以及反映高技术产业经济实力的指标。

5.2.2.3　体现政府和企业创新倾向的原则

政府创新政策和企业创新倾向体现的是创新管理能力，对于产业、区域和国家创新能力建设来说尤其重要。当前许多创新能力指标体系没有体现政府和企业创新的意识和倾向，主要原因在于这些指标不易量化。长期以来，中国出台了大量的科技政策，但只有一部分政策与促进企业创新能力建设有关，政府创新政策还存在不完善和缺失等问题。研究开发机构是企业有组织建制化开展研究开发活动和创新的重要载体，然而中国虽然相当一部分高技术企业有研究开发人员和经费投入，但没有建立研究开发机构。政府财政支出中用于企业的比例基本反映了政府支持创新的倾向，研发企业数量占企业总量的比例和企业研究开发经费占科技经费支出总额的比例基本反映了企业创新的倾向。

5.2.2.4　绝对指标与相对指标兼顾的原则

从微观来看，产业创新能力指标不仅包括绝对指标即总量指标，还包括相对指标即强度、平均指标。产业创新能力测度不能只用绝对指标也不能只用相对指标，而应当是两方面指标的兼顾和有机结合。现有一些测度体系较多考虑相对指标而较少考虑绝对指标，一些测度体系较多考虑绝对指标而又较少考虑相对指标，都不符合创新能力建设的本质，也会出现一个地区创新能力指数大于所在国家创新能力指数、小国能力指数大于大国创新能力指数等问题。

依据统计部门使用的《国民经济行业分类与代码》（GB/T 4754—94），一般认为高技术产业包括医药制造业、专用设备制造业、交通运输制造业、电气机械及器材制造业、电子及通信设备制造业和仪器仪表及文化设备制造业。本书所采用的高技术产业数据均来源于国家统计局的《中国高技术产业统计年鉴》和《中国统计年鉴》以及中国科技部网站公布的数据，研究时段确定为 1995 ~ 2008 年。

5.3 中国高技术产业创新能力指标体系构建

中国高技术产业创新能力具有多层次、多结构的特点，包括创新资源投入产出能力、创新转化波及能力和创新环境制度影响支撑能力三大维度，根据上述分析，每一个维度又可以进行进一步分解、细化成多个要素指标对其进行描述，最终确立 30 个要素指标，形成评价高技术产业创新能力的指标体系，如表 5.1 所示。

表 5.1　　中国高技术产业创新能力评价指标体系①

评估目标	系统层（U）	状态层（A）	要素层（X）	
高技术产业创新能力	科技创新能力（U_1）	创新资源投入能力（A_{11}）	R&D 经费投入	X_{111}
			R&D 经费投入强度	X_{112}
			R&D 活动人员折合全时当量	X_{113}
			工程师科学家占科技人员比重	X_{114}
			技术引进消化吸收率	X_{115}
			新产品开发经费占科技活动经费比重	X_{116}
			高技术企业自有科技机构数	X_{117}
			高技术企业科研机构密度	X_{118}
			企业自有科技经费筹集比例	X_{119}
		创新资源产出能力（A_{12}）	专利申请数	X_{121}
			单位科技人力投入专利产出	X_{122}
			人均专利拥有数量	X_{123}

① 参考宋河发、穆荣平：《自主创新能力及其测度方法与实证研究——以中国高技术产业为例》和李邃、江可申：《中国高技术产业科技创新能力综合评价研究》的指标体系设计。

续表

评估目标	系统层（U）	状态层（A）	要素层（X）	
高技术产业创新能力	创新转化波及能力（U_2）	创新产业化能力（A_{21}）	生产设备中微电子控制设备所占比重	X_{211}
			技术改造投入	X_{212}
			技术改造投入强度	X_{213}
			高技术产业工程技术人员占全部从业人员比重	X_{214}
			新产品产值	X_{215}
			新产品销售份额	X_{216}
			新产品出口销售率	X_{217}
		创新波及能力（A_{22}）	高技术产业技术进步贡献率	X_{221}
			高技术产业技术影响力	X_{222}
			高技术产业技术感应力	X_{223}
	创新环境制度影响支撑能力（U_3）	行业环境（A_{31}）	高技术产业增加值率	X_{311}
			高技术产业全员劳动生产率比较优势	X_{312}
			产品出口比较竞争力	X_{313}
			产业集聚程度	X_{314}
		制度环境（A_{32}）	政府资金占科技活动经费比重	X_{321}
			金融贷款占科技活动的比重	X_{322}
			R&D 经费占 GDP 比重	X_{323}
			科技企业孵化器	X_{324}

5.3.1 反映高技术产业科技创新能力的指标

本研究的高技术产业科技创新能力可以分解为科技创新资源投入能力和科技创新资源产出能力两方面。首先高技术产业的科技创新活动离不开创新资源的投入，主要包括资金和人才。对于高技术产业而言，R&D 投入反映了科技投入的多少，是最为重要的创新资源投入，也是衡量高技术产业技术水平的一项重要指标。《中国科学技术指标》一书认为：R&D 是指为了进行知识创造和知识应用而进行的系统的创造性工作，是人们不断探索、发现和应用新知识的连续过程。R&D 投入是高技术产业获得竞争优势的重要手段和途径，也是保证科技成果产出、转化，带动产业结构优化升级的根本保障。同时高技术产业中的科技人员是科技创新的主要力量，有资料表明，国际上高技术产业中的科技人员数量是成熟的低技术工业中科技人员数量的 5 倍。其次是创新产出能力，由于高技术产业市场竞争具有先行者优势，高技术产品的生命周期随科技创新的发展而缩短，因此只有不断推出新的科技成果才可能保持高技术产业的竞争力。这里的产出主要是以专利形式表示的创新成果。

5.3.1.1 科技创新资源投入能力的指标

（1）R&D 经费投入和 R&D 经费投入强度（R&D 经费/产品销售收入）：反映高技术产业研发经费的投入规模和投入力度。

（2）R&D 活动人员折合全时当量：高技术产业中从事 R&D 活动人员耗费的时间（当量），用以测度高技术产业的 R&D 活动人员数量，该指标可以更好地反映从事 R&D 活动人员的数量和质量。

（3）工程师科学家占科技人员比重：反映科技人力资源总量中科学技术素质高的人员所占比重，这一指标关系到高技术产业创新活动长远发展。

（4）技术引进消化吸收率：通过消化吸收费用与技术引进费用对比得到。该指标反映技术学习的过程，同时也是一个技术创新的过程。高技术产业从技术引进到自主创新，其关键是从生产能力实现向创新能力的转化。

（5）新产品开发经费占科技活动经费比重：反映高技术产业将知识转化为新产品的投入。

（6）高技术企业自有科技机构数、高技术企业科研机构密度（该产业内企业办科研机构数/该产业内企业数）和企业自有科技经费筹集比例（企业资金/科技活动经费筹集额）：研究开发机构是高技术企业有组织建制化开展研究开发活动和创新的重要载体，高技术企业办科研机构数量占企业数量的比例、企业自有科技经费筹集比例反映高技术企业科技创新的倾向。

5.3.1.2 科技创新资源产出能力的指标

（1）专利申请数：指高技术产业每年向国家专利机构申请专利的数量。

专利是研发的重要成果，用专利指标衡量 R&D 能力已被广泛接受，且申请专利是以 R&D 能力为核心的高技术产业自主创新能力的体现。

（2）单位科技人力投入专利产出（申请专利数/科技活动人数）：反映高技术产业科技活动人员的创新成果产出效率。

（3）人均专利拥有数量（拥有专利数/科技活动人员）：反映高技术产业前期科技创新情况，也可以说明产业技术累积程度。

5.3.2　反映高技术产业创新转化波及能力指标

高技术产业创新转化波及能力是指将高技术成果物化为可推广应用的新产品、新设备、新材料和新能源等，并形成新的企业群体、新的行业和新的产业部门，或对传统产业进行改造而实现升级的能力，包含科技创新产业化能力和科技创新波及能力。此时的研究视角已经把高技术产业的创新活动置于整个产业系统中，一方面创新成果经过中试、规模化生产和技术扩散，以商品形式进入和占领市场，形成现实生产力，使高技术产业创新获得经济效益，实现了高技术的产业化；另一方面高技术产业具有广泛的产业关联性、高技术具有较强的渗透作用，高技术产业创新活动引起的最终需求或附加值等的变化会沿着不同的既定产业关联方式及波及路径引起与其直接相关的产业部门技术结构发生变化，这些变化又会导致其他相关产业部门技术结构的变化。高技术产业创新对经济增长和产业结构升级的带动作用，正是通过这种波及效应实现的。因此，高技术产业创新转化波及能力包括创新的产业化能力和创新波及能力。

5.3.2.1　创新产业化（转化）能力的指标

（1）生产设备中微电子控制设备所占比重：生产设备是创新成果转化为现实生产力的物质基础，先进的设备有助于实现规模化生产。

（2）技术改造投入和技术改造投入强度（技术改造投入/产品销售收入）：技术改造是指高技术企业为了提高经济效益、提高产品质量、促进产品升级换代，采用先进的、适用的新技术、新工艺、新设备、新材料等对现有设施、生产工艺条件所进行的改造。高技术企业将科技成果应用于企业生产的各个环节，采用先进的技术改造落后的技术，使用先进的工艺和装备代替落后的工艺和装备，实现扩大再生产，达到提高质量、节约能源、降低原材料消耗、提高劳动生产率、提高经济效益的目的。同时，由于新技术、新产品层出不穷，技术改造已不仅仅针对某项产品，而是针对某一类产品。随着信息化与工业化的进一步融合，高技术企业需要从整个产业链的角度来考虑技术改造，以提高其在整个产业链条中的技术水平和协同能力。技术改造投入保证了创新成果转化的数量和质量。

（3）高技术产业工程技术人员占全部从业人员比重：工程技术人员的工作性质是与生产紧密结合的，工程技术人员工作在生产第一线，主要从事设备设计、制造、管理和应用，对于推进创新成果产业化和高技术企业技术进步具有重要作用。

（4）新产品产值、新产品销售份额（新产品销售收入/全部销售收入）和新产品出口销售率（新产品出口销售收入额/新产品销售收入）：反映高技术产业科技创新成果向现实生产力转化的规模、产品更新的速度和新产品在国际市场上的竞争力。

5.3.2.2 创新波及能力包含的指标

（1）高技术产业技术进步贡献率：用来评价高技术产业科技进步程度。具体计算方法如下。

根据 C－D 生产函数，高技术产业对社会总产值增长的贡献是由科技进步、资金投入和劳动力投入三部分来描述[125]，即：

$$Q = AK^{\alpha}L^{\beta} \tag{5.1}$$

其中，A 表示科技进步，K 表示资金的投入，L 表示劳动力的投入，α 表示资金的产出弹性，β 表示劳动力的产出弹性，Q 表示社会总产值。

把投入产出表与生产函数相结合，估计 α、β 值，进而测算科技进步贡献率，具体过程如下：

由投入产出表（价值型）的列模型，社会总产值的计算公式为：

$$X = C + V + M \tag{5.2}$$

其中，X 是社会总产值，与生产函数中 Q 相同；C 是生产资料的转移价值或资金的投入，与生产函数中 K 相同；V 是劳动报酬或劳动力的投入，与生产函数中 L 相同；M 是社会创造的价值。

将剩余价值率 $H=M/V$、资本有机构成 $P=K/V$ 及 $\delta=V/L$，代入式（5.2）整理得出：

$$\frac{dQ}{Q}=\frac{K}{Q}\frac{dK}{K}+\frac{(1+H)\delta L}{Q}\frac{dL}{L}+\frac{(1+H)\delta L}{Q}\frac{d\delta}{\delta}+\frac{M}{Q}\frac{dH}{H} \tag{5.3}$$

所以有：

$$\alpha=\frac{\partial Q}{\partial K}\frac{K}{Q}=\frac{K}{Q};\ \beta=\frac{\partial Q}{\partial L}\frac{L}{Q}=\frac{(1+H)\delta L}{Q} \tag{5.4}$$

根据 $\alpha+\beta=1$，将式（5.4）代入式（5.1），得到高技术产业科技进步水平的表达式：

$$A=\frac{Q}{K^{\alpha}L^{\beta}}=\frac{Q}{K}\ (\delta P)^{\beta}=\frac{Q}{K}\left(\frac{K}{L}\right)^{\left(1-\frac{K}{Q}\right)} \tag{5.5}$$

从而测出高技术产业科技进步贡献率为：

$$E=\frac{\frac{\Delta A}{A}}{\frac{\Delta Q}{Q}}\times 100\% \tag{5.6}$$

（2）高技术产业科技影响力（产业科技进步水平 × 产业影响力系数）：①[126] 反映高技术产业每增加使用一个科技创新单位时，对国民经济各部门所产生的技术需求波及程度。

（3）高技术产业科技感应力（产业科技进步水平 × 该产业感应度系数）：反映国民经济各部门每增加使用一个科技创新时，高技术产业由此而受到的技术需求感应程度，也就是需要高技术产业为其他部门提供的科技创新成果。

---

① 1997～2002 年高技术产业影响力系数和感应度系数根据 2002 年投入产出表计算，2003～2008 年高技术产业影响力系数根据 2005 年投入产出表计算。由于得到的是分行业的数据，本书对高技术产业各行业影响力系数和感应度系数加总后平均得到高技术产业的影响力系数和感应度系数。

5.3.3 高技术产业创新环境制度影响支撑能力

该项能力主要包含高技术新产业行业环境和制度环境两方面。其中行业环境又进一步包括高技术产业整体实力和高技术产业发展模式。较强的科技创新能力使得高技术产业的整体实力不断增强，同时强大的实力又是生产、扩散创新成果的基础；由于自然条件的依赖程度低，高技术产业容易出现生产集聚，在空间上向具有资金、人才等优势条件的地区集中，高技术产业集聚行为能够带来集聚效应、共生效应、协同效应、区位效应、结构效应等诸多优势，对经济的发展和产业结构的优化升级起着重要推进作用。制度环境主要体现政府、金融机构促进创新能力建设的意图和意志。由于高技术产业创新活动会带来整个产业系统的科技进步，政府必然会营造有利于创新的制度环境，同时这样的制度环境又会进一步提升高技术产业的创新能力。

5.3.3.1 高技术产业行业环境影响能力的指标

（1）高技术产业增加值率（高技术产业增加值/高技术产业产值）：反映降低中间消耗的经济效益。通过该指标可以观察高技术产业的发展阶段。如果高技术企业生产的产品是组装，核心技术在国外，即“外国产品，中国制造”，那么高新技术产业增加值率比较低，高技术产业还处于初级发展阶段。

（2）高技术产业全员劳动生产率比较优势（高技术产业全员劳动生产率/一国全员劳动生产率）：反映高技术产业科技创新所带来的行业生产效率的提高。

（3）产品出口比较竞争力（高技术产业出口额/一国总出口额）×（高技术产业 GDP/一国 GDP）：反映高技术产业的国际竞争力。

（4）产业集聚程度（前八位省市高技术产业产值/高技术产业总产值，鉴于数据可获得性和数据口径的一致性，计算高技术产业集聚程度的数据都是按当年价格计算的总产值）：反映高技术产业总体集聚程度是否具有典型的区域集中特征。

5.3.3.2　高技术产业制度环境影响能力的指标

（1）政府资金占科技活动经费比重、金融贷款占科技活动的比重：这两项指标反映政府、金融机构促进高技术产业创新能力建设的意图和意志。

（2）R&D 经费占 GDP 比重：反映国家创新环境建设。

（3）科技企业孵化器：科技企业孵化器是一种培育和扶植高新技术中小企业的新型经济组织，它通过为新创办的科技型中小企业提供物理空间和基础设施，来提供一系列服务支持，进而达到降低创业者的创业风险和创业成本、提高创业成功率、促进科技成果转化、培育科技型企业和企业家的目的。当前，孵化器作为自主创新的主要载体，在发展高新技术企业和推动中国高技术产业的可持续发展方面发挥着不可替代的作用。

因为资金、R&D 投资和科技企业孵化器的培育在一定程度上是政府创新政策的反映，所以选择这些可以量化的投入指标来表示高技术产业制度环境影响支撑能力。

5.4　中国高技术产业创新能力评估模型

影响高技术产业创新能力的因素众多，结构复杂，各影响因素间关系纵横交错、作用相互重叠。作为一个复杂的巨系统，利用系统理论尤其是复杂系统理论对其进行评价研究无疑有着重要的指导作用，同时，为了从量上揭示相互联系的事物之间数量关系及其相互影响的量变规律，深入、全面地研究高技术产业创新能力，还必须使用定量方法。本研究将基于复杂系统理论采用层次分析法（AHP）对 1995 ~ 2008 年高技术产业创新能力进行评价。

5.4.1　层次分析法

AHP 法是由美国运筹学家萨提（Satty）提出来的，该方法具有定性分析和定量分析相结合的优势。本书运用 AHP 法对高技术产业创新能力评价建模，步骤如下：

第一步：建立评价高技术产业创新能力问题的递阶层次结构。首先将高技术产业创新能力评价这一复杂问题分解成三大系统层，进而根据系统属性分组形成不同的状态，同一层次的元素作为准则，对下一层次的元素起支配作用，同时又受上一层次元素的制约。这是一个递阶层次结构，最顶层只有一个元素，即评价目标，中间层次是系统层、状态层和要素层（指标层）。

第二步：构造判断矩阵。递阶层次关系确定了各层元素间隶属关系。假设将某一层次的元素 C_k 作为准则，其下一层次的元素 A_1，A_2，…，A_N 受该准则支配。在 C_k 准则下针对 A_1，A_2，…，A_N 的相对重要性赋予相应权重。指标权重是各个指标在指标总体中的重要程度的度量，其合理与否将在很大程度上影响评价结果的科学性和正确性，是评价过程中的一个极其重要的因素。在进行综合测度时，一方面各评价指标自身在指标体系中的地位不同，另一方面评价者对高技术产业创新能力及构成维度的期望与要求不同，指标赋权不能采用均值化的方法，而应使用加权均值的方法。本研究的权重系数，是在问卷调查的基础上，采用 AHP 法综合确定的。

利用 AHP 法对高技术产业创新能力各层次要素进行赋权采用两两比较的方法。于是对于 n 个元素可得到其比较判断矩阵 $A=(a_{ij})_{n\times n}$，其中相对重要程度由 9 个标度给出。

第三步：计算单一准则下的元素相对权重。其本质是确定权函数 $W(A)=(W_1(A), W_2(A), \cdots, W_n(A))^T$，$\sum_{i=1}^{n} W_i(A)=1$。可通过求解 $AW=\lambda_{\max}W$ 来确定 $W(A)$，为避免评价依据失真，需进行一致性检验：

（1）计算一致性指标 CI。

$$CI=(\lambda_{MAX}-n)/(n-1) \tag{5.7}$$

（2）选取平均随机一致性 RI，如表 5.2 所示。

表 5.2　平均随机一致性指标

阶数 n	1	2	3	4	5	6	7	8	9
RI	0	0	0.52	0.89	1.12	1.26	1.36	1.41	1.46

（3）计算一致性比例系数 CR。

$$CR = CI/RI \tag{5.8}$$

当 $CR_k < 0.1$ 时，认为递阶层次在 k 层次上满足一致性要求，否则在该层次上需重构判断矩阵。

5.4.2　确定高技术产业创新能力各层次权重

系统层：将高技术产业创新能力解析为具有内在逻辑关系的三大子系统，即科技创新能力、创新转化波及能力和创新环境制度影响支撑能力。该层次主要揭示各子系统的发展状态和趋势。

状态层：反映决定各子系统行为的主要环节和关键组成部分的状态，并从本质上反映、揭示系统的行为、变化等的原因和动力，包括某一时间截面上的状态和某一时间序列上的变化状况。

要素层：采用可测的、可比的、可获得的指标，对状态层的数量表现、强度表现给予直接地度量。本书采用 30 个指标对各状态进行了定量描述，构成了指标体系的最基层。

问卷内容包括列出了评价目标、系统层、状态层和要素层（指标层），对每一层的元素，以上一层的一个元素作为标准，进行两两比较，决定其重要程度，并对比较结果进行评分；评分采用 9 级分制，同时附有评分标准（如表 5.3 所示），分数越高表示越重要。问卷发放给 12 名专家，经过两轮的反馈与商榷，得到了基本一致的判断结果，个别存在出入的结果采用各个专家判断值的几何平均值，这样就得到了各层次的判断矩阵。将判断矩阵中的数值输入 AHP 软件处理，结果即是高技术产业创新能力各层次要素的权重（如表 5.4 所示），该结果通过了一致性检验。

表 5.3　　评分标准

重要评判等级	1	3	5	7	9	2，4，6，8	前列各数的倒数
定义	同样重要	稍微重要	明显重要	非常重要	极端重要	两个相邻判断的折衷	反比较

表 5.4　　高技术产业创新能力各层次要素的权重

<table>
<tr><th>评价目标（F）</th><th>系统层</th><th>权重 U_{ij}</th><th>状态层</th><th>权重 A_{ij}</th><th colspan="2">要素层</th><th>权重 X_{ij}</th></tr>
<tr><td rowspan="22">高技术产业创新能力</td><td rowspan="12">科技创新能力 U_1</td><td rowspan="12">0. 3306</td><td rowspan="9">创新资源投入能力 A_{11}</td><td rowspan="9">0. 5</td><td>R&D 经费投入</td><td>X_{111}</td><td>0. 0862</td></tr>
<tr><td>R&D 经费投入强度</td><td>X_{112}</td><td>0. 1058</td></tr>
<tr><td>R&D 活动人员折合全时当量</td><td>X_{113}</td><td>0. 0988</td></tr>
<tr><td>工程师科学家占科技人员比重</td><td>X_{114}</td><td>0. 1148</td></tr>
<tr><td>技术引进消化吸收率</td><td>X_{115}</td><td>0. 1182</td></tr>
<tr><td>新产品开发经费占科技活动经费比重</td><td>X_{116}</td><td>0. 1182</td></tr>
<tr><td>高技术企业自有科技机构数</td><td>X_{117}</td><td>0. 1331</td></tr>
<tr><td>高技术企业科研机构密度</td><td>X_{118}</td><td>0. 1331</td></tr>
<tr><td>企业自有科技经费筹集比例</td><td>X_{119}</td><td>0. 0918</td></tr>
<tr><td rowspan="3">创新资源产出能力 A_{12}</td><td rowspan="3">0. 5</td><td>专利申请数</td><td>X_{121}</td><td>0. 2716</td></tr>
<tr><td>单位科技人力投入专利产出</td><td>X_{122}</td><td>0. 3944</td></tr>
<tr><td>人均专利拥有数量</td><td>X_{123}</td><td>0. 334</td></tr>
<tr><td rowspan="10">创新转化波及能力 U_2</td><td rowspan="10">0. 375</td><td rowspan="7">创新转化（产业化）能力 A_{21}</td><td rowspan="7">0. 5</td><td>生产设备中微电子控制设备所占比重</td><td>X_{211}</td><td>0. 1173</td></tr>
<tr><td>技术改造投入</td><td>X_{212}</td><td>0. 1227</td></tr>
<tr><td>技术改造投入强度</td><td>X_{213}</td><td>0. 1354</td></tr>
<tr><td>高技术产业工程技术人员占全部从业人员比重</td><td>X_{214}</td><td>0. 1465</td></tr>
<tr><td>新产品产值（万元）</td><td>X_{215}</td><td>0. 1526</td></tr>
<tr><td>新产品销售份额</td><td>X_{216}</td><td>0. 1627</td></tr>
<tr><td>新产品出口销售率</td><td>X_{217}</td><td>0. 1627</td></tr>
<tr><td rowspan="3">创新波及能力 A_{22}</td><td rowspan="3">0. 5</td><td>高技术产业技术进步贡献率</td><td>X_{221}</td><td>0. 2982</td></tr>
<tr><td>高技术产业技术影响力</td><td>X_{222}</td><td>0. 3509</td></tr>
<tr><td>高技术产业技术感应力</td><td>X_{223}</td><td>0. 3509</td></tr>
</table>

续表

<table>
<tr><th>评价目标（F）</th><th>系统层</th><th>权重 U_{ij}</th><th>状态层</th><th>权重 A_{ij}</th><th colspan="2">要素层</th><th>权重 X_{ij}</th></tr>
<tr><td rowspan="8">高技术产业创新能力</td><td rowspan="8">创新环境制度影响 U_3</td><td rowspan="8">0. 2944</td><td rowspan="4">行业环境 A_{31}</td><td rowspan="4">0. 5</td><td>高技术产业增加值率</td><td>X_{311}</td><td>0. 1911</td></tr>
<tr><td>高技术产业全员劳动生产率比较优势</td><td>X_{312}</td><td>0. 2318</td></tr>
<tr><td>产品出口比较竞争力</td><td>X_{313}</td><td>0. 2651</td></tr>
<tr><td>产业集中度</td><td>X_{314}</td><td>0. 3121</td></tr>
<tr><td rowspan="4">制度环境 A_{32}</td><td rowspan="4">0. 5</td><td>政府资金占科技活动经费比重</td><td>X_{321}</td><td>0. 2143</td></tr>
<tr><td>金融贷款占科技活动的比重</td><td>X_{322}</td><td>0. 2213</td></tr>
<tr><td>R&D 经费占 GDP 比重</td><td>X_{323}</td><td>0. 2656</td></tr>
<tr><td>科技企业孵化器</td><td>X_{324}</td><td>0. 2987</td></tr>
</table>

其中，(1) 运用 AHP 法，确定一级评价指标 U_i 的权重向量。求得：

$U_i(i=1, 2, 3)$ 的权重向量为：$U_i=(0.3306 \quad 0.375 \quad 0.2944)$，

$(\lambda_{max}=3.0004, CI=0.0002, RI=1, CR=0.0002<0.1)$

(2) 三个一级指标（系统层）下各有两个二级评价指标（状态层）A_{ij}，综合问卷调查的结果，每个二级指标相对于一级指标具有同等的重要性，因此 A_{ij} 的权重均为 0. 5。

(3) 三级评判指标（要素层）$X_{11j}(j=1, 2, \cdots, 9)$ 的权重向量为：

$X_{11j}=(0.0862 \quad 0.1058 \quad 0.0988 \quad 0.1148 \quad 0.1182 \quad 0.1182 \quad 0.1331 \quad 0.1331 \quad 0.0918)$，

$(\lambda_{max}=9.0033, CI=0.0004, RI=1.33, CR=0.0003<0.1)$

(4) 三级评判指标（要素层）$X_{12j}(j=1, 2, 3)$ 的权重向量为：

$X_{12j}=(0.2716 \quad 0.3944 \quad 0.334)$，

$(\lambda_{max}=3.0003, CI=0.0001, RI=1, CR=0.0001<0.1)$

(5) 三级评判指标（要素层）$X_{21j}(j=1, 2, \cdots, 7)$ 的权重向量为：

$X_{21j}=(0.1173 \quad 0.1227 \quad 0.1354 \quad 0.1465 \quad 0.1526 \quad 0.1627)$，

$(\lambda_{max}=7.0022, CI=0.0004, RI=1.33, CR=0.0003<0.1)$

(6) 三级评判指标（要素层）$X_{22j}(j=1, 2, 3)$ 的权重向量为：

$X_{22j}=(0.2982\quad 0.3509\quad 0.3509)$，

$(\lambda_{max}=3，CI=0.0000，RI=1，CR=0.0000<0.1)$

（7）三级评判指标（要素层）$X_{31j}(j=1，2，3，4)$ 的权重向量为：

$X_{31j}=(0.1911\quad 0.2318\quad 0.2651\quad 0.3121)$，

$(\lambda_{max}=4.0024，CI=0.0008，RI=1.14，CR=0.0007<0.1)$

（8）三级评判指标（要素层）$X_{32j}(j=1，2，3，4)$ 的权重向量为：

$X_{32j}=(0.2143\quad 0.2213\quad 0.2656\quad 0.2987)$，

$(\lambda_{max}=4.0006，CI=0.0002，RI=1，CR=0.0002<0.1)$

5.4.3 主要评价步骤

1. 指标值的标准化处理

由于指标体系中的各个指标之间具有不同的量纲和数量级，因此在综合评价之前必须对原始指标值进行规格化处理，从而得到规格化矩阵。高技术产业创新能力是在无量纲化的基础上进行的加权综合评价，本书将采用阈值法进行处理，其目的在于对数据进行规格化的同时，将指标值张弛成［0，1］之间的数，增加指标的离散性。

设原始数据矩阵为 $X=(x_{ik})_{n\times m}$，其中 n 为样本容量，m 为指标个数，x_{ik}为第 i 个样本的第 k 个指标值，一般采用下式进行无量纲化处理：

对于效益型指标，即指标值越大越好型，令：

$$y_{ik}=(x_{ik}-\min_k x_{ik})/(\max_k x_{ik}-\min_k x_{ik}) \tag{5.9}$$

对于成本型指标，即指标值越小越好型，令：

$$y_{ik}=(\max_k x_{ik}-x_{ik})/(\max_k x_{ik}-\min_k x_{ik}) \tag{5.10}$$

2. 高技术产业创新能力的评估

设要素层第 i 个指标的无量纲化指标值为 y_i，对应的权重为 X_{ij}，则第 t 年状态层各要素的评价得分为：

$$L_t=\sum_{i=1}^{n}y_iX_{ij} \tag{5.11}$$

以此类推，第 t 年系统层各要素即构成高技术产业创新能力的三个维度的评价得分为：

$$M_t = \sum_{i=1}^{2} L_t A_{ij} \quad (5.12)$$

第 t 年评价目标即高技术产业创新能力的评价得分为：

$$F_t = \sum_{i=1}^{3} M_t U_{ij} \quad (5.13)$$

5.5　高技术产业创新能力评价研究

根据前面介绍的AHP法评价模型评价研究中国1995～2008年高技术产业的创新能力。首先根据《中国高技术产业统计年鉴》《中国统计年鉴》和科技部网站公布的数据得到反映高技术产业创新能力的绝对和相对指标数据，对于某些年份缺失的数据，采取根据已有数据建立回归方程正推或倒推预测方法进行弥补。之后，对于研究开发投入、新产品产值等与费用有关的数据进行平减。平减指数采用国家统计局公布的1995～2008年居民消费指数（CPI）。

进一步，运用式（5.9）、式（5.10）对原始数据进行无量纲处理后，根据表5.4对各层次要素的赋权结果，运用式（5.11）、式（5.12）和式（5.13）最终得到1995～2008年中国高技术产业创新能力评价得分（如表5.5所示），为了更清晰地刻画高技术产业创新能力变动趋势，根据表5.5绘制了趋势图（如图5.2所示）。

表5.5　　1995～2008年中国高技术产业创新能力综合评价得分

年份	科技创新能力	创新转化波及能力	环境制度影响支撑能力	创新能力
1995	0.0852	0.2264	0.2518	0.1872
1996	0.1202	0.2555	0.2774	0.2172
1997	0.1400	0.3050	0.2725	0.2409
1998	0.1501	0.3862	0.2958	0.2815

续表

年份	科技创新能力	创新转化波及能力	环境制度影响支撑能力	创新能力
1999	0. 2469	0. 4514	0. 3155	0. 3438
2000	0. 1929	0. 5020	0. 3708	0. 3612
2001	0. 2256	0. 5761	0. 4098	0. 4113
2002	0. 2685	0. 6453	0. 5001	0. 4780
2003	0. 2964	0. 6599	0. 5737	0. 5143
2004	0. 3572	0. 6556	0. 5709	0. 5320
2005	0. 4837	0. 6572	0. 6236	0. 5899
2006	0. 6474	0. 7038	0. 6653	0. 6738
2007	0. 7571	0. 7547	0. 6272	0. 7179
2008	0. 8851	0. 6870	0. 7328	0. 7660

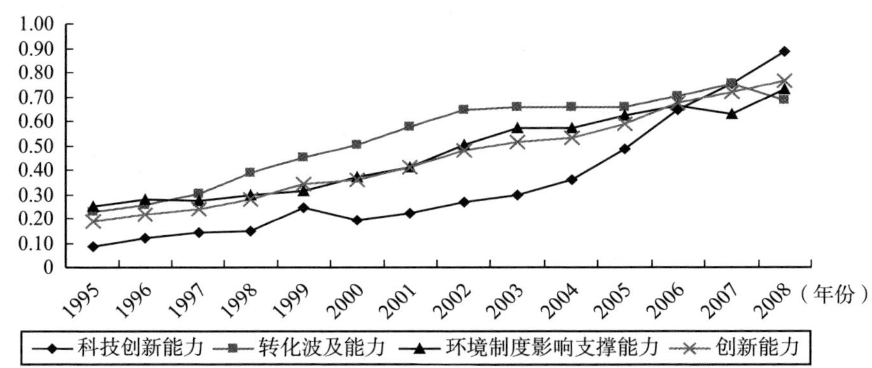

图 5. 2　1995 ~ 2008 年中国高技术产业创新能力趋势

表 5. 5 和图 5. 2 可以发现，1995 ~ 2008 年中国高技术产业创新能力呈现持续提升的态势，而且创新能力的趋势线相对平滑，说明这种提升是稳定的。其中，1995 ~ 1999 年创新能力提升幅度较大，年平均增幅达到 16. 42%，特别是 1999 年，增幅是这 14 年（1995 ~ 2008 年）中的最高（22. 12%）。此外，2002 年和 2006 年也是创新能力大幅提高的两年，分别比上一年提高了 16. 22 个百分点和 14. 22 个百分点，并且在以后的相应时段保持了稳定的增长速度，即 2002 ~ 2005 年和 2006 ~ 2008 年两个时段高技术产业创新能力年

均增长分别为 7.27% 和 6.62%。从高技术产业创新能力与其三个构成维度的变动趋势看，它们之间具有一致性。其中，环境制度影响支撑能力与创新能力的变动趋势最为接近，这一点从二者之间的相关系数（0.9786）（如表 5.6 所示）也得到了证实。说明高技术产业自身强大的实力和国家对创新的鼓励和扶持对科技创新（二者的相关系数为 0.8943）以及创新成果的转化和扩散（二者的相关系数为 0.9227）是具有很强的推动、引导作用，因此，该项能力可以有效地提升高技术产业创新能力——环境制度影响支撑能力每提高 1 个百分点，创新能力可以提高 1.105 个百分点。高技术产业科技创新能力在 2007 年之前一直落后于创新能力，导致其对创新能力提升的贡献度减弱——1995 ~ 2008 年间该项能力每提高 1 个百分点，创新能力平均只提高 0.713 个百分点，由于二者之间存在着较强的相关关系（0.9462），这在一定程度上影响了创新能力的提高。高技术产业创新转化波及能力与创新能力的关系较其他两个维度略弱一些（0.9345），但是其对提升创新能力的积极作用却是较大的，1995 ~ 2008 年间该项能力每提高 1 个百分点，创新能力可以提高 0.993 个百分点。

表 5.6　高技术产业创新能力与构成维度间的相关系数

创新能力与构成维度		科技创新能力	创新转化波及能力	环境制度影响支撑能力	创新能力
科技创新能力	皮尔逊相关系数	1.0000	0.7773	0.8943	0.9462
	显著性（双尾）		0.0011	0.0000	0.0000
创新转化波及能力	皮尔逊相关系数	0.7773	1.0000	0.9227	0.9345
	显著性（双尾）	0.0011		0.0000	0.0000
环境制度影响支撑能力	皮尔逊相关系数	0.8943	0.9227	1.0000	0.9786
	显著性（双尾）	0.0000	0.0000		0.0000
创新能力	皮尔逊相关系数	0.9462	0.9345	0.9786	1.0000
	显著性（双尾）	0.0000	0.0000	0.0000	

注：显著性水平是 0.01（双尾）。

从对高技术产业创新能力及构成维度的综合评价结果可以看出，创新能力是高技术产业科技创新能力、创新转化波及能力和创新环境制度影响支撑能力共同作用的结果，它们之间呈现高度的正相关关系，而且任何一个能力的提升都会对综合能力的提升产生积极的影响。所以，在完善创新环境、制度建设的基础上，加大对高技术产业科技创新的投入力度，增强创新成果的转化能力和应用范围。

5.6 高技术产业分行业创新能力评价①

然而，在看到中国高技术产业整体创新能力逐年平稳提升的同时也应注意到，中国高技术行业间创新能力存在着差别，各行业在创新能力及构成维度上的表现存在着优势和不足，这将造成它们对产业结构优化升级影响的差异。因此，需要对中国高技术产业各行业的创新能力进行评价。需要指出的是，这里分行业的评价视角与对高技术产业整体创新能力的评价视角有所不同，对前者的评价更为关注的是创新能力及构成维度在各行业间的差异，这是作为后面研究它们对产业结构优化升级影响差异的基础，也是找到当前对产业结构优化升级具有重要作用的高技术行业的依据；而前面对高技术产业整体创新能力的评价关注的是产业创新能力的培养问题，即从创新能力与三个构成维度之间的关系角度进行分析。

下面将对 1995 ~ 2008 年高技术产业各行业创新能力及三个构成维度的表现情况进行比较分析。

5.6.1 创新能力分行业比较

从表 5.7 可以发现，1995 ~ 2008 年各行业创新能力呈现持续提升的态

① 高技术产业各行业即医药制造业、航空航天器制造业、电子及通信设备制造业、电子计算机及办公设备制造业、医疗设备及仪器仪表制造业五大行业创新能力的评价模型和数据处理方法与高技术产业整体创新能力的评价一致，本书中不再赘述。

势。其中，医药制造业、电子及通信设备制造业和医疗设备及仪器仪表制造业创新能力提升幅度较大，年平均增幅均达到两位数，分别是11.78%、10.87%和13.97%。从行业间对比情况看，电子及通信设备制造业创新能力一直保持了平稳的提升态势，电子计算机及办公设备制造业在2002年之前创新能力居于行业前列，后来的提升速度放缓，从研究的区间看，二者的创新能力在大部分年份的表现都要优于其他行业。而医疗设备及仪器仪表制造业、航空航天器制造业和医药制造业的创新能力在2005年前后都呈现加速提高态势，特别是医疗设备及仪器仪表制造业，其创新能力在1995年位居五个行业末尾，而在2008年已跃居首位。

表5.7　　高技术产业各行业创新能力评价得分

年份	医药制造业	航空航天器制造业	电子及通信设备制造业	电子计算机及办公设备制造业	医疗设备及仪器仪表制造业
1995	0.1688	0.2455	0.1863	0.2024	0.1383
1996	0.1964	0.1760	0.2630	0.3567	0.1968
1997	0.2290	0.3247	0.2645	0.3114	0.2058
1998	0.2688	0.3148	0.3102	0.3068	0.2676
1999	0.3294	0.2738	0.3628	0.3675	0.3234
2000	0.3514	0.2888	0.3948	0.3726	0.3151
2001	0.3607	0.3706	0.4631	0.4036	0.3205
2002	0.4033	0.4124	0.4797	0.4649	0.3512
2003	0.4313	0.4867	0.4998	0.4674	0.4341
2004	0.5085	0.4199	0.5201	0.4806	0.4055
2005	0.5886	0.5213	0.5599	0.4709	0.5012
2006	0.6023	0.5800	0.5832	0.5942	0.5729
2007	0.6992	0.6788	0.6519	0.6119	0.6752
2008	0.7183	0.7195	0.7122	0.6441	0.7566

5.6.2 创新能力构成维度的分行业比较

1. 科技创新能力分行业情况

从表5.8可以发现，医药制造业在2003年科技创新能力开始大幅度提高，年均提升幅度达到37.95%。其他行业都是在2005年以后才有大幅提升，航空航天器制造业、电子及通信设备制造业、电子计算机及办公设备制造业和医疗设备及仪器仪表制造业科技创新能力在2005~2008年年均提升幅度分别达到28.23%、21.1%、20.52%和22.59%，而它们之前的年份均在较低水平徘徊。另外，表5.8还显示出航空航天器制造业的科技创新能力在2004年以后被其他四个行业赶超，原因可能是该行业中国有企业比例高达80%以上，其经营的灵活性以及技术进步的动力受到一定影响，其他四个行业由于市场广阔，企业机制相对灵活而技术进步较快。

表5.8　　高技术产业各行业科技创新能力评价得分

年份	医药制造业	航空航天器制造业	电子及通信设备制造业	电子计算机及办公设备制造业	医疗设备及仪器仪表制造业
1995	0.110297	0.205465	0.094415	0.105817	0.09016
1996	0.097877	0.241472	0.113773	0.294738	0.12065
1997	0.128245	0.238969	0.120447	0.215394	0.155236
1998	0.127347	0.277162	0.221083	0.169579	0.186361
1999	0.236263	0.287434	0.219436	0.256895	0.216812
2000	0.270854	0.212268	0.203778	0.231253	0.189626
2001	0.282256	0.194988	0.256524	0.285581	0.215955
2002	0.297296	0.294126	0.27476	0.368549	0.300972
2003	0.363425	0.303987	0.318162	0.347932	0.400609
2004	0.485733	0.259185	0.402087	0.375306	0.399951
2005	0.686635	0.365942	0.573278	0.399068	0.525871

续表

年份	医药制造业	航空航天器制造业	电子及通信设备制造业	电子计算机及办公设备制造业	医疗设备及仪器仪表制造业
2006	0. 703615	0. 469598	0. 587226	0. 663206	0. 586552
2007	0. 828441	0. 575479	0. 727799	0. 735152	0. 661924
2008	0. 871364	0. 704043	0. 864634	0. 791837	0. 903151

2. 创新转化波及能力分行业情况

从表 5. 9 可以发现，航空航天器制造业和医疗设备及仪器仪表制造业在 2003 年以后创新转化波及能力大幅度提高，年均提升幅度分别达到 8. 74% 和 12. 73%，2005 ~2008 年前者一直位居前列。电子及通信设备制造业、电子计算机及办公设备制造业在多数年份表现较好，不过 2005 年以后表现不稳定，被其他行业赶超。

表 5. 9　　　高技术产业各行业创新转化波及能力评价得分

年份	医药制造业	航空航天器制造业	电子及通信设备制造业	电子计算机及办公设备制造业	医疗设备及仪器仪表制造业
1995	0. 131443	0. 156979	0. 219546	0. 208168	0. 105057
1996	0. 134636	0. 080077	0. 320329	0. 415206	0. 130509
1997	0. 204323	0. 305287	0. 338927	0. 351746	0. 197407
1998	0. 316849	0. 310535	0. 399156	0. 439454	0. 348565
1999	0. 296536	0. 20586	0. 501767	0. 519533	0. 326579
2000	0. 363451	0. 321491	0. 59894	0. 571902	0. 335694
2001	0. 33794	0. 413614	0. 61944	0. 48073	0. 311659
2002	0. 409924	0. 435194	0. 59762	0. 541016	0. 333983
2003	0. 376216	0. 634788	0. 588019	0. 559908	0. 424333
2004	0. 485162	0. 502213	0. 603962	0. 549012	0. 330611
2005	0. 507508	0. 669378	0. 557349	0. 547232	0. 443451

续表

年份	医药制造业	航空航天器制造业	电子及通信设备制造业	电子计算机及办公设备制造业	医疗设备及仪器仪表制造业
2006	0. 555878	0. 650339	0. 600809	0. 629768	0. 539775
2007	0. 605818	0. 757413	0. 679494	0. 584815	0. 709289
2008	0. 707962	0. 728833	0. 659935	0. 590644	0. 685391

3. 创新的环境制度影响支撑能力分行业情况

从表 5. 10 可以发现，五个高技术行业的创新环境制度影响支撑能力都有一定程度的提高，其中航空航天器制造业和医疗设备及仪器仪表制造业在 2005 年以后提高速度很快，年均提升幅度分别达到 9. 97% 和 7. 71%。其他三个行业中，医药制造业的创新环境制度影响支撑能力在大部分年份是优于其他行业的，2006 年以后虽然有一定程度提高，但速度较慢，造成当前的落后局面。电子计算机及办公设备制造业大部分年份都比较落后，电子及通信设备制造业在 2001 ~2003 年出现大幅提高，2004 年以后增速放缓。

表 5. 10　　高技术产业各行业创新的环境制度影响支撑能力评价得分

年份	医药制造业	航空航天器制造业	电子及通信设备制造业	电子计算机及办公设备制造业	医疗设备及仪器仪表制造业
1995	0. 382025	0. 403177	0. 247022	0. 303595	0. 234611
1996	0. 38573	0. 224831	0. 357458	0. 351864	0. 366822
1997	0. 373584	0. 445584	0. 331352	0. 367917	0. 273307
1998	0. 366475	0. 362523	0. 297006	0. 292072	0. 39172
1999	0. 47595	0. 345013	0. 346821	0. 298118	0. 439061
2000	0. 426364	0. 332982	0. 349344	0. 277613	0. 429936
2001	0. 477886	0. 512971	0. 496017	0. 43798	0. 44911
2002	0. 513757	0. 516128	0. 559752	0. 476191	0. 42938
2003	0. 577805	0. 503401	0. 591555	0. 483777	0. 484315

续表

年份	医药制造业	航空航天器制造业	电子及通信设备制造业	电子计算机及办公设备制造业	医疗设备及仪器仪表制造业
2004	0.563831	0.495663	0.545682	0.511798	0.507169
2005	0.581848	0.507177	0.548086	0.454343	0.546943
2006	0.547667	0.614544	0.556362	0.471349	0.599739
2007	0.545565	0.694616	0.531473	0.507882	0.646786
2008	0.559591	0.725028	0.607569	0.546354	0.6826

本章小结

本章将高技术产业创新能力分解为三个维度，并将每一个维度细化为可度量的指标，构建了高技术产业创新能力综合评价指标体系，并应用AHP法对1995～2008年中国高技术产业创新能力进行评估，得出以下结论：第一，1995～2008年中国高技术产业创新能力是平稳提升的。第二，创新能力是高技术产业科技创新能力、创新转化波及能力和创新环境制度影响支撑能力共同作用的结果，它们之间呈现高度的正相关关系，而且任何一个能力的提升都会对综合能力的提升产生积极的影响。按照相关关系的紧密程度，分别是创新环境制度影响支撑能力（0.9786）、科技创新能力（0.9462）、创新转化波及能力（0.9345）；按照对创新能力的影响程度，分别是创新环境制度影响支撑能力（1.105）、创新转化波及能力（0.993）、科技创新能力（0.713）。

从分行业的情况看，中国高技术行业间创新能力及构成维度在表现和变化趋势上都存在着差别。

第 6 章

中国高技术产业创新能力对产业结构优化升级的影响实证研究

长期以来，学者们高度重视科技创新对经济增长的作用问题，可以说任何一个经济学说都承认科学和技术变革对经济增长、产业结构调整和生产率提高的重要性（Freeman and Soete，1997）[127]。而科技进步对经济增长的作用是在促成产业结构优化中实现的。不过，不同领域和规模的技术进步对产业结构产生的影响也是不同的。如是一般行业生产过程中的局部技术改造，只能使局部的劳动生产率提高，并不能改变整个生产力体系，这种技术进步通常不会带来产业结构的明显变化。如果技术进步是发生在对国民经济有重要影响的行业里，整个行业的技术体系发生了全新的变化，并通过技术的转移扩散就有可能会使整个产业技术体系发生变革，最终导致产业结构发生较大的变化。

本书基于高技术产业创新能力视角研究产业结构优化升级的问题，就是因为高技术产业是导致普通经济增长的“先导产业”和增强国家竞争力的“战略产业”（Nelson，1984）[128]。高技术产业具有智力密集、知识密集、技术密集的特征，它对产业结构优化升级的作用是通过其技术创新的横向扩散和纵向渗透实现的。

6.1　基于高技术产业创新能力视角的产业结构优化升级内涵研究

产业结构是指一个国家或地区各个产业部门、行业之间的质的内在及量的比例关系。具体来讲，是指一个国家或地区的各种生产要素在该国或地区各产业部门之间的比例构成及它们之间的相互依存和制约关系。产业结构作为资源的转换器，最终目的是将各种投入要素转化为产品和劳务以满足社会需求结构。产业结构优化升级的根本点是增强结构转换能力。

产业结构优化升级包括产业结构的合理化和高度化两方面内容。合理化是指产业与产业之间协调能力的加强和关联水平的提高；而高度化则是指产业结构系统不断地从低级向高级演进的过程。产业结构合理化和高度化是相辅相成的两个方面，合理化是高度化的基础，只有先实行合理化，结构高度化才有可能实现，否则就是“虚高度化”；而产业结构高度化是合理化进一步发展的目的，产业结构合理化本身是为了使产业结构向更高层次转换[129]。产业结构优化升级是一个动态过程，其实质可以理解为：实现资源在各产业之间合理配置、促进资源的使用效率不断提高以及具有较强的结构转化能力。这里结构转化能力是指不断开发和引进高新技术、发展高技术产业使产业结构适应市场变化而不断向高级化方向演进的能力。

根据本书第 4 章的分析，高技术产业创新能力通过高技术产业的科技创新活动、创新的转化波及效应以及改善创新行业环境和制度环境的能力引起产业结构的优化升级。因此，加速高技术产业科技创新，加强高技术成果的开发、推广和应用，运用高技术手段与装备改造传统产业，促进新兴产业和第三产业的迅速发展，提高各次产业的高科技含量，是实现中国产业结构优化升级的根本途径。

那么，结合中国“十一五”规划中有关推进产业结构优化升级的建议，本书将高技术产业创新能力引起产业结构优化升级的具体表现归纳为以下四个方面：

（1）产业结构的高加工度化，即加工组装业的发展大大快于原材料工业的发展，使资源得到有效的利用。产业结构的高加工度化趋势有两个方面含义：一是指产业重心不断向加工、制造业等下游产业后移。同时加工层次不断延伸，从而与上游的采掘及原材料工业相比，加工工业在国民经济中所占比重越来越大。目前，中国单位产值能耗是发达国家的 3 ~ 4 倍，主要工业产品能量单耗比国外平均水平还高 40%，能源利用率只有 30% 左右，其基本原因之一就在于产业结构缺陷，对资源投入的加工程度过低，有限的加工能力又集中于粗加工阶段。在以后的发展过程中，中国经济增长方式的转换将在很大程度上依靠以较少资源投入支持较大产出增长的产业结构高加工度化。二是指在工业化过程中，一些先行国家为了在国际交换中获取最大的比较利益，在自己的结构选择中努力发展加工、制造产业而不断淘汰采掘、原材料产业，形成以加工、制造业为核心的产业结构体系。不论哪种含义，高加工度化的发展都始终与摆脱资源约束，不断使国民经济的增长快于采掘、原材料产业的产出增长密切相联。

（2）产业结构的知识化。随着知识经济、信息经济的到来，知识和信息对优化产业结构和推动经济增长的作用日益凸现。知识和信息不仅渗透和凝结在资本、劳动、技术、管理等各生产要素之中，而且由于知识和信息的生产、创新、流动、分配和使用，使知识和信息逐渐成为独立的资源和产业以及优化资源配置的“粘合剂”。

（3）产业结构的“软化”，是指在产业发展中，体力劳动和物质资源的投入相对减少，脑力劳动和知识的投入相对增加，产业内部不断“软化”和“软”产业的比重不断上升，即在产业内部对信息、服务、技术和知识等“软要素”的依赖程度加深，在产业结构中第三产业的比重不断上升[130]。随着高技术的迅速发展，产业结构“软化”意味着一个由工业时代传统的以物质生产为关联的“硬”产业结构向以知识、技术生产为关联的“软”产业结构转变的过程。

（4）产业结构效益的提高，是指在一定社会经济发展战略目标要求下，实现供求结构平衡、各产业部门协调发展并取得较好结构效益的产业结构优化过程[131][132]。它表明产业构成比例关系变动引起的效益变化，反映总的投入产出关系，是观察产业结构是否合理的综合指标[133]。结构效益提高，说明产业构成比例关系合理，反之，产业结构效益下降，产业构成比例关系失衡。

因为产业结构优化升级包含了产业结构的合理化和高度化两个方面，二者交织在一起，既互相依存又互相影响、互相促进，由此构成了产业结构由相对不合理到相对合理、由相对低级向相对高度化状态的渐进演变的动态过程。产业结构合理化是高度化的基础，没有合理化，产业结构的高度化就失去了其基本条件，进而影响到产业结构由低级向高级演进的过程，并有可能发生结构的逆转。反过来，产业结构高度化会促使产业结构在更高层次上迈向合理化，而高度化也恰是合理化进一步发展的目的，失去了这一目的，合理化就失去了存在的意义。但也必须注意到，高度化不等于合理化。一般来说，产业结构合理化，就是把长期累积下来的、目前存在严重结构扭曲的状态矫正过来，使产业之间的构成比例合理化，增加经济增长中的结构效益。产业结构高度化是通过加速发展新兴产业，利用高新技术改造传统产业来实现的。经过进一步分析，产业结构效应属于产业结构合理化的内容，产业结构的高加工度化、技术的集约化和产业结构的“软化”属于产业结构高度化的内容。

6.2　1995～2008 年中国产业结构优化升级评价研究

6.2.1　建立产业结构优化升级测度指标体系的原则

建立产业结构优化升级测度指标体系需要同时满足动态优化原则和可持续性原则。主要基于以下两点考虑，其一，由于经济发展的不平衡性和各地区要素禀赋不同，产业结构总是处于动态变动中，关键是要符合产业结构高度化和合理化的趋势和规律[134]；其二，走新型工业化道路的内涵就是可持续发展的工业化。对产业结构优化的测度要体现提高产品附加值以减轻对自然资源消耗的依赖，保护资源和生态环境，实现可持续发展。

6.2.2 产业结构优化升级指标体系①

6.2.2.1 产业结构合理化的测度指标

(1) 产业结构偏离度：该指标是反映劳动力结构与增加值结构之间不对称状况的一个指标，是指三次产业产值结构与就业结构之差的绝对值之和。产业结构偏离度越大，劳动力结构与产业结构越不对称，说明产业结构的效益越低。根据世界银行公布的数字——高收入、中收入与低收入国家的产业结构偏离度平均水平分别为6%、40%、86%[135]可见，随着一国（或地区）收入水平越高，产业结构与就业结构之间的偏差会大幅度减小，因此，通过该指标可以观察一国产业结构是否合理。其计算公式[136]为：

$$P = \sum_{i=1}^{n} |Y_i - X_i| \tag{6.1}$$

其中，P 指产业结构偏离度；Y_i 为第 i 产业的就业结构比重；X_i 为同期同产业产值结构。

(2) 第三产业比重（第三产业增加值/GDP）：随着经济的发展，第三产业比重应呈上升趋势。大量研究表明，产业结构变动遵循一定的规律。一般情况下，随着经济的发展和人均收入水平的提高，劳动力、资本在三次产业间的分布会发生规律性的变化。由于产业间产品附加价值的差异以及由此带来的相对收入差异，劳动力首先从第一产业向第二产业转移。当人均收入水平进一步提高时，劳动力又向第三产业转移。社会资本分布的重心也逐步从第一产业向第二、第三产业转移。与劳动力和资本在三次产业间转移相适应，三次产业增加值的相对比重也发生相应的变化，第一产业比重不断下降，第二产业比重由快速上升逐步转为下降，第三产业则经历上升、徘徊、再上升的发展过程，逐步成为国民经济中最大的产业[137]。西方发达国家经济发展实践也证明：在经历了早期的工业化阶段之后，主要发达国家逐步向

① 参考李邃，江可申．高技术产业科技能力与产业结构优化升级的关系［J］．科研管理．2010.

后工业化阶段过渡，服务业日益成为国民经济发展的主导部门，有统计说明，进入20世纪60年代以后，发达国家的第三产业发展迅速，所占比重超过了60%。

（3）单位生产总值能源消耗：反映科技创新对产业和国家能源消耗的影响，包括工业单位产值能耗和一国单位产值能耗。由于电子信息技术、生物技术、新能源、新材料、空间技术、海洋技术、环保技术等高技术的应用和创新发展，引起工业和国家对物质资源的消耗发生深刻变化。计算公式为：

$$\text{工业单位产值能耗} = \text{工业能源消费量}/\text{工业增加值} \tag{6.2}$$

$$\text{一国单位产值能耗} = \text{一国能源消费总量}/\text{国内生产总值} \tag{6.3}$$

6.2.2.2 产业结构高度化的测度指标

（1）产业高加工化系数：反映产业结构高加工度化。其计算公式为：

$$D = \frac{P_m G_m}{(P_m G_m + P_p G_p)} \tag{6.4}$$

其中，D 为产业结构高度化系数；P_m 和 G_m 分别为制造业增加值和增长速度；P_p 和 G_p 分别为原材料工业增加值和增长速度。

需要指出，产业高加工化系数越高，则表明生产技术越先进，从而为社会创造更多的物质财富。但这个指标的前提条件是，产业结构的高加工度化系数上升必须伴随技术的进步，具有技术集约性。

（2）技术集约化程度：是反映产业结构知识化的主要指标。随着知识的生产、扩散和应用的规模扩大，知识密集型产业在全部产业中所占比重逐渐上升。计算公式为：

$$\text{技术的集约化} = \text{技术密集型产业增加值}/\text{GDP} \tag{6.5}$$

这是反映从劳动密集型、资金密集型向技术密集型演进程度的指标。技术集约化程度提高会提高劳动生产率，有利于产业结构高度化[138]。技术密集型产业根据国际上尤其是经合组织（OECD）有关高、中、低技术产业的划分口径，结合中国工业统计和发展的实际情况，可以将制造业行业分为高技术密集度产业、中高技术密集度产业、中低技术密集度产业和低技术密集度产业等几种类型。其中，高和中高技术密集度产业，基本上就是技术密集型产业，主要有8个行业：化学原料及制品；医药制造；通用、专用设备；交通运输设备；电器机械及器材；通信设备、计算机及其他电子设备；仪器仪表及文化办公用机械[139]。

(3) 高技术产业成长程度：产业成长性是反映产业结构中产业发展快慢和发展程度高低的指标。产业成长性大小能体现未来产业结构状况，可用需求收入弹性来反映。因为产业结构变动是受需求收入弹性大小影响的，需求收入弹性越大则越能促进产业的发展，越能促进产业结构的优化。其计算公式为：

$$E = \frac{\Delta Q/Q}{\Delta Y/Y} \tag{6.6}$$

其中，E 表示需求收入弹性，ΔQ 和 ΔY 分别表示高技术产业产值增长的变化和GDP增长的变化。

(4) 生产性服务业发展程度：是反映产业结构软性化的主要指标。产业结构软性化作为产业结构优化升级的目标，是指在产业结构演进中“专门的物质生产产业”的重要地位被非物质生产产业所取代。在信息经济时代，由于科技、知识、信息在经济增长和经济结构变动中成为重要的要素资源，一个以信息流和网络经济主导的包括金融流、资本流、商流、物流等各种能量的经济运动大大加速，因而必然带动和促进为社会生产和人民生活服务的现代服务业的加快发展，导致产业结构软性化的程度进一步提高，出现了所谓“经济服务化”趋势。计算公式为：

生产性服务业发展程度＝生产性服务业增加值/GDP

生产性服务业指为生产者提供服务的部门和行业，如金融保险、现代物流、商务服务、计算机和信息服务、通信服务等服务部门。由于服务业包括的部门繁多，许多服务业既为生产者服务，又为消费者服务，因此生产性服务业的分类一直存在比较大的争议，导致不同分类所包括的内容不完全一致。但无论何种分类方式，无论国外还是国内，迄今为止国民经济统计核算中的分类都与理论定义不完全吻合。根据实证分析的需要，我们选择理论界公认的一些代表性的生产性服务行业来考察，包括交通运输仓储及邮政通信服务、批发零售服务、租赁和商务服务、地质勘查和水利管理服务、金融保险业、科学研究和综合服务业及其他服务业[140]。

6.2.3　1995 ~ 2008 年中国产业结构优化升级研究

6.2.3.1　1995 ~ 2008 年中国产业结构优化升级状况综合评价

根据本书第 5 章介绍的层次分析模型评价中国 1995 ~ 2008 年产业结构优化升级问题。首先根据《中国统计年鉴（1995 ~ 2008）》公布的数据得到上述反映产业结构优化升级的指标数据，对于某些年份缺失的数据，采取根据已有数据建立回归方程正推或倒推预测方法进行弥补。之后，对于 GDP、产值、增加值等与费用有关的数据进行平减。平减指数采用国家统计局公布的 1995 ~ 2008 年居民消费指数（CPI）和工业品出厂价格指数。权重系数，在问卷调查的基础上，采用 AHP 法进行综合确定，各级指标的权重如表 6.1 所示，并通过了一致性检验。

表 6.1　　产业结构优化升级各层次要素的权重①

总体层	状态层 V_{ij}	权重②	要素层 Y_{ij}		权重
产业结构优化升级	产业结构合理化	0.5	产业结构效益系数	Y_{11}	0.3011
			工业单位产值能耗	Y_{12}	0.2323
			一国单位产值能耗	Y_{13}	0.2252
			第三产业占 GDP 比重	Y_{14}	0.2414
	产业结构高度化	0.5	产业结构高加工度化系数	Y_{21}	0.2295
			技术集约化程度	Y_{22}	0.2823
			生产性服务业占 GDP 比重	Y_{23}	0.2318
			高技术产业超前系数	Y_{24}	0.2564

① 数据采用专家问卷的方式得到，方法与高技术产业创新能力的问卷设计相同。问卷内容列出了评价目标、状态层和要素层（指标层），对每一层元素，以上一层的一个元素作为标准，进行两两比较，决定其重要程度，并对比较结果进行评分；评分采用 9 级分制。问卷发放给 10 名专家，得到各层次的判断矩阵后，将判断矩阵中的数值输入 AHP 软件处理。

② 产业结构高度化以产业结构合理化为基础，脱离合理化的高度化只能是一种“虚高度化”。产业结构合理化的过程，使结构效益不断提高，进而推动产业结构向高度化发展。可见，合理化和高度化是构成产业结构优化的两个基点。因此，这里一级指标的权重系数均为 0.5，即认为二者对产业结构优化升级同等重要。

其中，（1）运用 AHP 法，确定二级评价指标 Y_{1j}的权重向量。

$Y_{1j}(j=1,2,3,4)$ 的权重向量为：

$Y_{1j}=(0.3011\quad 0.2323\quad 0.2252\quad 0.2414)$

$(\lambda_{max}=4.0122,\ CI=0.0041,\ RI=1.14,\ CR=0.0036<0.1)$

（2）运用 AHP 法，确定二级评价指标 Y_{2j}的权重向量。

$Y_{2j}(j=1,2,3,4)$ 的权重向量为：

$Y_{2j}=(0.2295\quad 0.2823\quad 0.2318\quad 0.2564)$

$(\lambda_{max}=4.0002,\ CI=0.0001,\ RI=1,\ CR=0.0001<0.1)$

根据各级评价指标数据，将数据进行分类处理，对于效益型指标（Y_{11}、Y_{14}、Y_{21}、Y_{22}、Y_{23}、Y_{24}），即指标值越大越好型，令：

$$y_{ik}=(x_{ik}-\min_k x_{ik})/(\max_k x_{ik}-\min_k x_{ik})$$

对于成本型指标（V_{12}、V_{13}），即指标值越小越好型，令：

$$y_{ik}=(\max_k x_{ik}-x_{ik})/(\max_k x_{ik}-\min_k x_{ik})$$

最终得到 1995～2008 年中国产业结构优化升级情况的最终评价得分①（如表 6.2 所示）以及变动趋势（如图 6.1 所示）。

表 6.2　　1995～2008 年中国产业结构优化升级综合评价得分

年份	产业结构高度化	产业结构合理化	产业结构优化升级
1995	0.24525675	0.154602201	0.199929
1996	0.313534597	0.285191347	0.299363
1997	0.2271194	0.366450518	0.296785
1998	0.627063639	0.457633284	0.542348
1999	0.580312538	0.484819378	0.532566
2000	0.569384343	0.515375865	0.54238
2001	0.496287685	0.558032886	0.52716
2002	0.654126645	0.566878616	0.610503
2003	0.697832642	0.551577701	0.624705

① 该评价得分的计算方法与步骤与第 5 章对高技术产业创新能力的评价得分处理方法相同。

续表

年份	产业结构高度化	产业结构合理化	产业结构优化升级
2004	0.571089696	0.633930084	0.60251
2005	0.642948572	0.683042117	0.662995
2006	0.637568872	0.75285907	0.695214
2007	0.543426624	0.864727315	0.704077
2008	0.483103729	0.987022205	0.735063

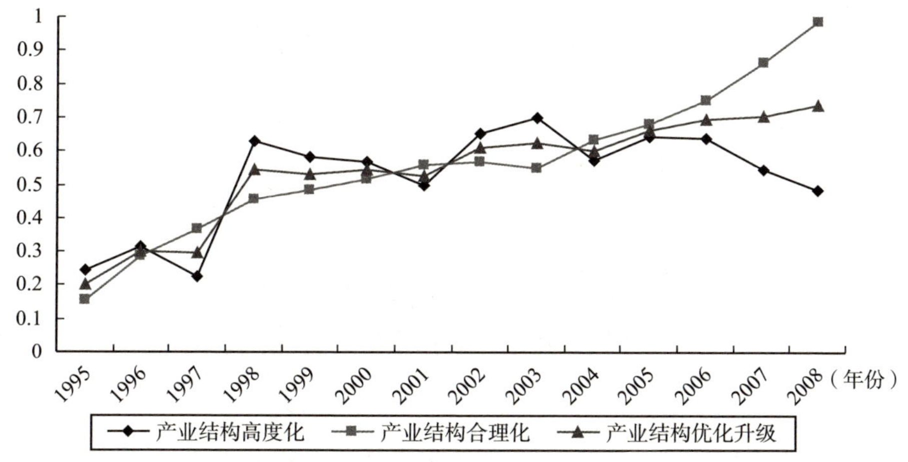

图6.1　1995～2008年中国产业结构优化升级趋势

6.2.3.2　1995～2008年中国产业结构分析

从表6.2和图6.1中发现，1995～2008年间中国产业结构优化升级态势显著，特别是在1998年产业结构优化升级出现较大飞跃，以后的10年间中国的产业结构一直保持在一个比较高的水平上。1995～1997年间产业结构处于14年中相对低水平状态，平均得分为0.265。1998年以后，产业结构的优化升级经历了三个波浪式上升的阶段，1998～2001年为第一次波浪式上升时期，期间的平均得分为0.536，2002～2004年为第二次波浪式上升时期，期间的平均得分为0.613，2005年以后产业结构经历了第三次波浪式上升，期间的平均得分为0.699。进一步研究发现，1995～2008年中国产业结构优化升级主要得益于产业结构合理化，14 年间中国产业结构调整初见成效，产业结构效益不断提高，结构偏离系数持续降低，工业能耗、单位 GDP 能耗持续下降等使得产业结构日趋合理，这些都有利于产业结构的优化。仍旧分割为 1995 ~ 1997 年、1998 ~ 2001 年、2002 ~ 2004 年和 2005 ~ 2008 年四个时段，期间产业结构合理化得分分别为：0. 269、0. 504、0. 584、0. 822，可见，产业结构优化升级主要得益于产业结构的不断优化，这种状况在 2006 年以后表现得尤为明显。同时也发现产业结构高度化过程却是大起大落的态势，这直接造成了产业结构优化升级过程的波动。从图 6. 1 中可看出，产业结构优化升级过程中呈现出的波动态势是与产业结构高度化的波动态势一致的，二者在 1997 年、1998 年、2001 年和 2004 年四个年份呈现同涨同落的态势。与合理化趋势相反，2006 年以后产业结构的高度化呈现下降趋势。这是应该引起注意的。

6. 3　中国高技术产业创新能力对产业结构优化升级影响实证研究

现代经济中，一国或地区的产业结构表现为一定的生产技术结构，而生产技术结构的进步与变动会引起产业结构的转换，其中的动力来自创新能力决定的比较劳动生产率的差异，比较劳动生产率的差异推动经济要素从生产率比较低的部门向生产率比较高的部门转移。高技术产业本身具有高技术性、高利润和高渗透性的特征。一方面，高技术产业较强的科技创新能力使得其劳动生产率、资源利用效率要高于一般传统产业，从而引导经济要素向该行业流动。另一方面，高技术产业的发展需要多种知识、多门学科的结合，当它与其他行业融合渗透时，会形成新的高技术产业群体。可见，在促进资源向高技术产业聚集的同时高技术成果也在向其他行业转移扩散，使得整个产业系统的资源配置收益最大。因此，高技术产业的创新能力是推动区域产业结构不断得以动态优化的重要途径。同样，高级且合理的产业结构也会加强产业间科技活动的联系，进一步提升高技术产业创新能力。

理论上的分析说明高技术产业创新能力与产业结构优化升级之间具有正向的相互提升的关系，下面将定量研究二者之间的关系。

6.3.1　中国高技术产业创新能力与产业结构优化升级的相关性分析

根据二者综合评价得分数据，经过统计检验发现中国高技术产业创新能力与产业结构优化升级之间存在着高度的正相关关系（如表6.3所示），Pearson相关系数为0.9018（双尾检验值为0.000，样本容量为14，显著性水平为0.01）。这说明从总体上看，高技术产业创新能力与产业结构优化升级是可以相互提升的，验证了前面的理论分析。高技术产业创新能力与产业结构优化升级的相关系数为0.9018，这说明高技术产业的科技创新能力、科技成果转化波及能力以及适宜科技创新环境制度建设对中国产业结构优化升级的影响非常大。自1995年以来，中国高技术产业创新能力平稳提升，带来了相应年份产业结构的改善。根据产业结构的波动态势，把1995～2008年分为四个时段，即1995～1997年、1998～2001年、2002～2004年和2005～2008年，这四个时段产业结构平均得分分别为0.2654、0.5361、0.6126和0.6993，创新能力在这四个时段平均得分分别为0.2151、0.3494、0.5081和0.6869，与产业结构优化升级的变动趋势一致。

表6.3　1995～2008年中国高技术产业创新能力与产业结构优化升级相关系数

		科技创新能力	转化波及能力	环境制度影响支撑能力	创新能力	产业结构优化升级
科技创新能力	皮尔逊相关系数	1.0000	0.7773	0.8943	0.9462	0.7814
	显著性（双尾）		0.0011	0.0000	0.0000	0.0010
转化波及能力	皮尔逊相关系数	0.7773	1.0000	0.9227	0.9345	0.9418
	显著性（双尾）	0.0011		0.0000	0.0000	0.0000

续表

		科技创新能力	转化波及能力	环境制度影响支撑能力	创新能力	产业结构优化升级
环境制度影响支撑能力	皮尔逊相关系数	0.8943	0.9227	1.0000	0.9786	0.8693
	显著性（双尾）	0.0000	0.0000		0.0000	0.0001
创新能力	皮尔逊相关系数	0.9462	0.9345	0.9786	1.0000	0.9018
	显著性（双尾）	0.0000	0.0000	0.0000		0.0000
产业结构优化升级	皮尔逊相关系数	0.7814	0.9418	0.8693	0.9018	1.0000
	显著性（双尾）	0.0010	0.0000	0.0001	0.0000	

注：显著性水平是0.01（双尾）。

进一步，根据表6.4的得分数据，经过统计检验发现：

（1）中国高技术产业科技创新能力与产业结构优化升级之间存在显著的正相关关系（表6.3），Pearson相关系数为0.7814（双尾检验值为0.001，样本容量为14，显著性水平为0.01）。中国高技术产业科技创新能力持续改善，1995~1997年、1998~2001年、2002~2004年和2005~2008年四个时段平均得分分别为0.1151、0.2039、0.3073和0.6933，相应地促进了产业结构的优化升级。

（2）中国高技术产业创新转化和波及能力与产业结构优化升级之间存在高度的正相关关系，Pearson相关系数为0.9418（双尾检验值为0.000，样本容量为14，显著性水平为0.01）。中国高技术产业创新转化和波及能力在1995~1997年、1998~2001年、2002~2004年和2005~2008年这四个时段呈现持续提升的趋势，平均分为0.2623、0.4789、0.6536、0.7007，对产业结构的升级起到了促进作用。

（3）中国高技术产业创新环境制度影响支撑能力与产业结构优化升级之间存在正相关关系，Pearson相关系数为0.8693（双尾检验值为0.000，样本容量为14，显著性水平为0.01）。从1995~2008年中国高技术产业科技创新环境的持续改善（从1995年的0.2518持续提升到2008年的0.7328），对中国产业结构的优化产生了积极影响。

表 6.4　　高技术产业创新能力与产业结构优化升级综合得分

年份	科技创新能力	转化波及能力	制度环境支撑影响能力	创新能力	产业结构优化升级
1995	0.0852	0.2264	0.2518	0.1872	0.1999
1996	0.1202	0.2555	0.2774	0.2172	0.2994
1997	0.1400	0.3050	0.2725	0.2409	0.2968
1998	0.1501	0.3862	0.2958	0.2815	0.5423
1999	0.2469	0.4514	0.3155	0.3438	0.5326
2000	0.1929	0.5020	0.3708	0.3612	0.5424
2001	0.2256	0.5761	0.4098	0.4113	0.5272
2002	0.2685	0.6453	0.5001	0.4780	0.6105
2003	0.2964	0.6599	0.5737	0.5143	0.6247
2004	0.3572	0.6556	0.5709	0.5320	0.6025
2005	0.4837	0.6572	0.6236	0.5899	0.6630
2006	0.6474	0.7038	0.6653	0.6738	0.6952
2007	0.7571	0.7547	0.6272	0.7179	0.7041
2008	0.8851	0.6870	0.7328	0.7660	0.7351

从构成高技术产业创新能力的三个基本内容与产业结构优化升级的相关性强弱看（图 6.2），相关程度最强的是高技术产业创新转化及波及能力（0.9418），其次为创新的环境制度影响支撑能力（0.8693），最后是科技创新能力（0.7814）。这说明从当前来看，高技术产业创新成果产业化、市场化能力及辐射能力与产业结构优化升级的关系最强。对于产业结构的优化升级，最为重要的是推进高技术科研成果的产业化以及最大限度地促进科技创新在产业间的转移和扩散。由于高技术产业处于生产链条中的关键环节，与其他部门有较强的直接、间接的经济技术联系，能带动一大批产业的形成和发展，因此，高技术产业的科技创新对产业系统的科技创新活动会产生连锁式影响，并与投资乘数效应和加速器的作用一起刺激产业结构加速升级。该项能力对于高技术产业创新能力的持续提升、产业系统的科技进步以及产业结构的优化升级都具有重要意义。其次是高技术产业科技创新的环境制度影

响能力，高技术产业科技创新所依托的环境包括产业本身的经济实力、竞争力以及国家对科技活动的重视程度、扶持力度，这不仅会对高技术产业的科技创新及影响力的发挥产生重要影响，而且对其他产业的科技活动产生一定的导向性。最后，高技术产业科技创新能力与产业结构优化升级之间的关系最弱，这是应该引起重视的问题，前面分析证实该项能力与高技术产业创新能力具有较高的关联系数（0.9462），增强该项能力既是提升高技术产业创新能力的关键，也是高技术产业在整个产业系统中作为科技创新“领头羊”，发挥其作为推进产业结构优化升级切入点角色的关键。因此，推动中国产业结构优化升级，一是加速高技术的产业化，推动科技成果向现实生产力转化；二是营造良好的科技创新环境；三是进一步加大对高技术产业的科技要素投入力度。

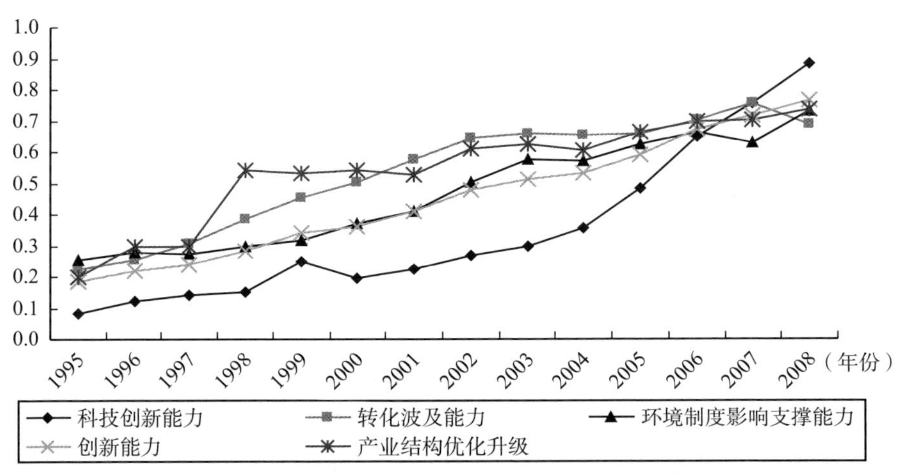

图 6.2　1995～2008 年高技术产业创新能力与产业结构优化升级趋势

6.3.2　高技术产业创新能力对产业结构优化升级的影响——协整分析

为了从数量上更为深入地剖析高技术产业创新能力对产业结构优化升级的影响，假设其他条件不变，依据散点图得出产业结构优化升级（Y）和高技术产业创新能力（*IC*）及三个构成维度（X_1、X_2、X_3）之间满足一元线性关系①，便可以建立如下的协整模型：

$$Y = \alpha_0 + \alpha_1 IC + \varepsilon \tag{6.7}$$

$$Y = \beta_{0i} + \beta_i X_i + \varepsilon_i (i = 1, 2, 3) \tag{6.8}$$

其中，*Y*、*IC* 分别表示 1995 ~ 2008 年历年的产业结构的优化升级综合得分和高技术产业创新能力的综合评价得分。$X_i(i=1, 2, 3)$ 代表构成创新能力的三个维度——科技创新能力、创新转化波及能力和创新的环境制度影响支撑能力。*Y* 是被解释变量，*IC* 和 $X_i(i=1, 2, 3)$ 作为解释变量。

6.3.2.1 单位根检验

在处理时间序列宏观模型时，如不事先考虑时间序列变量的平稳性而进行回归，可能会导致“伪回归”（suspicious regression），即变量之间根本不存在任何的线性关系，但相关的检验量却是十分显著的现象，以致最终得到错误的结论[141]。针对计量模型的“伪回归”现象，格兰杰、迪奇和富勒等（Granger, Dickey and Fuller et al.）提出了协整理论。协整理论的基本思路是：对于两个或多个具有单位根特征的时序变量，可以构造变量之间的某种组合似的模型达到平稳目的。协整理论表明如果两个或两个以上的不平稳时间序列之间的某种线性组合是平稳的，则可以认为这两个或两个以上的时间序列之间存在协整关系（Co - integration）。因此这里先对科技创新能力（X_1）、创新转化波及能力（X_2）、创新环境制度影响波及能力（X_3）、创新能力（*IC*）与产业结构优化升级情况（*Y*）进行单位根检验。

如对序列 *IC* 进行平稳性检验，*IC* 的单位根检验结果，检验形式为（*T*, 0）（即含截距，趋势，滞后期为0，滞后期长度根据 SIC 标准选择）。ADF 检验值为 -0.000651，大于显著水平为10%时的临界值 -3.420030，可以认为 *IC* 是非平稳序列。*IC* 的一阶差分单位根检验结果，检验形式为（*T*, 0）（即含截距，趋势，滞后期为0，滞后期长度根据 SIC 标准选择）。ADF 检验值为 -3.968242，小于显著水平为5%时的临界值 -3.144920，可

① 受样本容量所限，不能建立 *Y* 与 X_1、X_2 和 X_3 之间的多向量协整模型。

以认为 IC 是一阶单整序列。同理，序列 X_1、X_2、X_3 和 Y 一阶差分单位根检验结果，检验形式为（T，0）（即含截距，趋势，滞后期为 0，滞后期长度根据 SIC 标准选择）。ADF 检验值分别为 -3.392870（小于显著水平为 10% 时的临界值 -3.388330）、-3.659800（小于显著水平为 10% 时的临界值 -3.420030）、-3.704831（小于显著水平为 5% 时的临界值 -3.144920）和 -4.664299（小于显著水平为 1% 时的临界值 -4.121990），因此，可以认为 X_1、X_2、X_3、IC 和 Y 是一阶单整序列，在此基础上可以进行协整分析。单位根检验结果见表 6.5。

表 6.5　　ADF 单位根检验

变量	检验形式	ADF 值	1% 临界值	5% 临界值	10% 临界值
X_1	T，0	0.246666	-4.886426	-3.828975	-3.362984
X_2	C，0	-2.137149	-4.057910	-3.119910	-2.701103
X_3	T，0	-2.448661	-4.886426	-3.828975	-3.362984
IC	T，2	-0.000651	-5.124875	-3.933364	-3.420030
Y	T，1	-2.051733	-4.992279	-3.875302	-3.388330
ΔX_1	T，0	-3.392870*	-4.992279	-3.875302	-3.388330
ΔX_2	T，1	-3.659800*	-5.124875	-3.933364	-3.420030
ΔX_3	C，0	-3.704831**	-4.121990	-3.144920	-2.713751
ΔIC	C，1	-3.968242**	-4.121990	-3.144920	-2.713751
ΔY	C，0	-4.664299***	-4.121990	-3.144920	-2.713751

注：X_1 变量前加符号 Δ 表示 X_1 的一阶差分，其他以此类推；* 表示 10% 的显著水平，** 表示 5% 的显著水平，*** 表示 1% 的显著水平；检验形式中 T 表示趋势项和截距项，C 表示截距项，滞后期数 K 的选取由 AIC（Akaike Information Criterion）准则确定。

6.3.2.2　协整检验

协整检验目的是检验两个（或以上）序列是否存在长期稳定的均衡关系，常用的检验方法是 Johansen 协整检验[142-144]。Johansen 协整检验是一种基于向量自回归模型的检验方法，在进行协整检验之前，必须首先确定 VAR 模型的滞后阶数。

以 CI 和 Y 为例，令 X_t 表示 CI 和 Y 构成的列向量并进行 VAR 模型设定。为了保持合理的自由度使模型参数具有较强的解释力，同时又要消除误差项的自相关，根据本研究数据情况，选择最大滞后阶数为二阶，使用 AIC、SC 信息准则和 LR 统计量作为选择最优滞后阶数的检验标准，确定 VAR(2) 模型为最优模型。用 Johansen 方法得到的结果如表 6.6 所示。

表 6.6　　　　IC 和 Y 的 Johansen 协整检验

特征根	极大似然率	5% 的显著性水平	1% 的显著性水平	原假设
0.977814	46.28645	15.41	20.04	None **
0.329387	4.395191	3.76	6.65	At most 1 *

注：样本区间为 1995 ~ 2008 年；*（**）表示在 5%（1%）的显著水平上拒绝原假设；临界值由软件 Eviews 6.0 给出。

根据表 6.6，由 IC 和 Y 两个序列的协整检验结果可以看出，第一个极大似然率为 46.28645，大于显著性水平 1% 时的临界值 20.04，所以在 1% 水平上拒绝原假设，认为两个序列存在协整关系。进一步，第二个极大似然率为 4.395191，小于显著性水平为 1% 时的临界值 6.65，那么我们就在 1% 水平上接受原先的零假设，认为两个序列之间只存在一个协整关系。以上检验表明，这两个序列之间在 1% 的显著水平下只存在 1 个协整向量或长期均衡关系，可以得到协整方程：

$$Y = 0.318945 + 0.550645IC \tag{6.9}$$

式（6.7）表明 1995 ~ 2008 年的高技术产业创新能力与产业结构优化升级之间存在长期的均衡关系，创新能力每提高 1%，产业结构优化程度将提高大约 0.551 个百分点。

同理，创新能力的三个构成维度 X_1、X_2、X_3 与 Y 进行 VAR 模型设定，仍旧选择最大滞后阶数为二阶，使用 AIC、SC 信息准则和 LR 统计量作为选择最优滞后阶数的检验标准，确定 VAR(2) 模型为最优模型。用 Johansen 方法得到的结果如表 6.7 所示。

表 6.7　创新能力的三个构成维度 X_1、X_2、X_3 和 Y 的 Johansen 协整检验

创新能力三维度	Johansen 协整检验	特征根	极大似然率	5%的显著性水平	1%的显著性水平	原假设	协整方程
科技创新能力 X_1	X_1 与 Y 协整检验	0.9690	39.12489	15.41	20.04	None **	$Y=0.4786+0.2859X_1$
		0.0782	0.896095	3.76	6.65	At most 1	
创新转化波及能力 X_2	X_2 与 Y 协整检验	0.9800	50.03271	15.41	20.04	None **	$Y=0.3693+0.3620X_2$
		0.4712	7.009109	3.76	6.65	At most 1 **	
创新环境制度影响支撑能力 X_3	X_3 与 Y 协整检验	0.9559	36.6806	15.41	20.04	None **	$Y=0.3057+0.5700X_3$
		0.1928	2.355438	3.76	6.65	At most 1	

注：样本区间为 1995～2008 年；*（**）表示在 5%（1%）的显著水平上拒绝原假设；临界值由软件 Eviews 6.0 给出。

根据表 6.7，结合表 6.8 的格兰杰因果检验的数据，可以得到以下结论：

（1）由 X_1 和 Y 两个序列的协整检验结果可以看出，第一个极大似然率为 39.12489，大于显著性水平 1% 时的临界值 20.04，所以在 1% 水平上拒绝原假设，认为两个序列存在协整关系。进一步，第二个极大似然率为 0.896095，小于显著性水平为 1% 时的临界值 6.65，那么我们就在 1% 水平上接受原先的零假设，认为两个序列之间只存在一个协整关系。以上检验表明，这两个序列之间在 1% 的显著水平下只存在 1 个协整向量或长期均衡关系。

通过协整方程发现，1995～2008 年的高技术产业科技创新能力与产业结构优化升级之间存在长期均衡关系，科技创新能力每提高 1%，产业结构优化程度将提高大约 0.2859 个百分点。

（2）由 X_2 和 Y 两个序列的协整检验结果可以看出，第一个极大似然率为 50.03271，大于显著性水平 1% 时的临界值 20.04，所以在 1% 水平上拒绝原假设，认为两个序列存在协整关系。进一步，第二个极大似然率为 7.009109，大于显著性水平为 1% 时的临界值 6.65，那么我们就在 1% 水平上拒绝原先的零假设，认为两个序列之间存在多个协整关系。这里给出 X_2 和 Y 这两个序列的一个协整向量或长期均衡关系。

通过协整方程发现，1995～2008 年的高技术产业创新转化波及能力与产业结构优化升级之间存在长期均衡关系，创新转化波及能力每提高1%，产业结构优化程度将提高大约0.362个百分点。

（3）由X_3和Y两个序列的协整检验结果可以看出，第一个极大似然率为36.6806，大于显著性水平1%时的临界值20.04，所以在1%水平上拒绝原假设，认为两个序列存在协整关系。进一步，第二个极大似然率为2.355438，小于显著性水平为1%时的临界值6.65，那么我们就在1%水平上接受原先的零假设，认为两个序列之间只存在一个协整关系。以上检验表明，这两个序列之间在1%的显著水平下只存在1个协整向量或长期均衡关系。

通过协整方程发现，1995～2008年的高技术产业创新的环境制度影响支撑能力与产业结构优化升级之间存在长期均衡关系，该项能力每提高1%，产业结构优化程度将提高大约0.57个百分点。

经过上述实证检验，高技术产业创新能力及其各构成维度与产业结构优化升级之间存在长期的均衡关系，这表明它们之间可能存在某种因果关系。美国著名计量经济学家格兰杰于1969年提出的格兰杰因果性检验是解决这类问题的常用方法。格兰杰因果关系是基于VAR的F检验来实现的，如果要检验序列X是否是Y产生的原因，先估计当前的Y值被其自身滞后期取值所能解释的程度，然后验证通过引入序列X的滞后值是否可以提高Y的被解释程度。如果是，则称序列X是Y的格兰杰成因（Granger Cause），此时X的滞后期系数具有统计显著性。利用EView 6.0软件对高技术产业创新能力及构成维度与产业结构水平之间的格兰杰因果关系进行检验，检验结果如表6.8所示。

表6.8　高技术产业创新能力及构成维度与产业结构之间的格兰杰因果检验

零假设	滞后期	F统计量	概率值
IC does not Granger Cause Y	3	30.963	0.00315
X_1 does not Granger Cause Y	3	14.8159	0.01242
X_2 does not Granger Cause Y	3	7.40923	0.04133
X_3 does not Granger Cause Y	3	5.42027	0.06808

由表6.8可以得出：在5%显著水平下，滞后3期时，IC、X_1、X_2是Y格兰杰成因，在10%显著水平下，滞后3期时，X_3是Y格兰杰成因。

因此，在高技术产业创新能力推进产业结构优化升级的过程中，我们要重视各项能力的建设。其中，高技术产业创新转化波及能力与产业结构优化升级的相关关系最强（0.9418），但是，对产业结构优化升级的影响力度却十分有限，创新转化波及能力每提高1%，产业结构优化程度将提高大约0.362个百分点，而创新的环境制度影响支撑能力对产业结构优化升级的影响力较大，该项能力每提高1%，产业结构优化程度将提高大约0.57个百分点，这说明高技术产业的发展以及良好创新环境的营造有利于产业结构的优化升级。目前来看，创新成果的转化与波及是与良好的行业环境和制度环境分不开的，这从二者之间的相关系数（0.9227）也可以得到证实。而高技术产业的科技创新能力对产业结构优化升级的推动作用最小（0.286），这在一定程度上反映了高技术产业的科技创新活动与经济脱节的问题依然没有解决，高科技成果的开发置于整个经济运行体系之外，进行“体外循环”的现象仍然存在，高科技成果转化为现实生产力的水平较低，创新对产业系统的波及力度不强，因此，对增强产业结构转换能力的作用有限。为了加快推进产业结构优化升级，我们首先应该重视高新技术成果的转化应用，积极营造有利于高技术产业科技创新行业环境和制度环境，加大对高技术产业的研发投资，推进高技术产业化，促使战略性高技术产业向主导性高技术产业转变，充分发挥高技术产业对产业结构优化升级的促进作用。

6.4 高技术产业各行业创新能力对产业结构优化升级的影响研究①

根据本书第5章高技术产业分行业的综合评价得分数据，建立协整

① 高技术产业分行业对产业结构优化升级的影响所采用的协整分析思路与高技术产业对产业结构优化升级的影响的分析思路一致。其中，“1”代表医药制造业、“2”代表航空航天器制造业、“3”代表电子及通信设备制造业、“4”代表电子计算机及办公设备制造业、“5”代表医疗设备及仪器仪表制造业。

分析模型，分别考察各行业的创新能力及构成维度对产业结构优化升级的影响。

为了防止出现“伪回归”（suspicious regression）现象，这里先对高技术产业各行业的科技创新能力（ST_i，$i=1$，2，3，4，5）、创新转化波及能力（TA_i，$i=1$，2，3，4，5）、创新环境制度影响波及能力（ES_i，$i=1$，2，3，4，5）、创新能力（IC_i，$i=1$，2，3，4，5）与产业结构优化升级情况（Y）进行单位根检验，检验结果如表6.9所示。在此基础上可以进行协整分析。

表6.9 高技术产业各行业ADF单位根检验结果

行业	序号	ADF单位根检验结果
医药制造业	1	ST_1、TA_1、ES_1、IC_1 和 Y 是一阶单整序列
航空航天器制造业	2	TA_2、ES_2、IC_2 和 Y 是一阶单整序列
电子及通信设备制造业	3	ST_3、ES_3、IC_3 和 Y 是一阶单整序列
电子计算机及办公设备制造业	4	ST_4、ES_4、IC_4 和 Y 是一阶单整序列
医疗设备及仪器仪表制造业	5	TA_5、ES_5、IC_5 和 Y 是一阶单整序列

6.4.1 各行业创新能力对产业结构优化升级的影响

在单位根检验的基础上，同阶变量可以进行协整分析。经过检验可以发现各行业的创新能力（IC_i，$i=1$，2，3，4，5）与产业结构优化升级情况（Y）均是一阶单整序列，所以，下面将进一步考察各行业的创新能力与产业结构优化升级之间是否存在协整关系。仍旧采用Johansen协整检验，在进行协整检验之前，必须首先确定VAR模型的滞后阶数，根据本研究数据情况，选择最大滞后阶数为二阶，使用AIC、SC信息准则和LR统计量作为选择最优滞后阶数的检验标准，确定VAR(2)模型为最优模型。检验结果如表6.10所示。

表 6.10　高技术产业各行业 IC_i 与 Y 的 Johansen 协整检验结果

行业序号	Johansen 协整检验	特征根	极大似然率	5%的显著性水平	1%的显著性水平	原假设	协整方程
1	IC_1 与 Y 协整检验	0.9401	33.2550	15.41	20.04	None **	$Y=0.6445+0.4466IC_1$
		0.1875	2.2834	3.76	6.65	At most 1	
2	IC_2 与 Y 协整检验	0.9181	28.0565	15.41	20.04	None **	$Y=0.3431+0.5495IC_2$
		0.0467	0.5259	3.76	6.65	At most 1	
3	IC_3 与 Y 协整检验	0.9510	33.2290	15.41	20.04	None **	$Y=0.2282+0.7528IC_3$
		0.0043	0.0477	3.76	6.65	At most 1	
4	IC_4 与 Y 协整检验	0.9604	35.8220	15.41	20.04	None **	$Y=0.1925+0.8706IC_4$
		0.0279	0.3112	3.76	6.65	At most 1	
5	IC_5 与 Y 协整检验	0.9659	47.2975	15.41	20.04	None **	$Y=0.4021+0.4386IC_5$
		0.6015	10.1204	3.76	6.65	At most 1 **	

注：样本区间为 1995～2008 年；*（**）表示在 5%（1%）的显著水平上拒绝原假设；临界值由软件 Eviews 6.0 给出。

根据表 6.10，由各行业的 $IC_i(i=1, 2, 3, 4, 5)$ 和 Y 两个序列的协整检验结果可以看出：医药制造业、航空航天器制造业、电子及通信设备制造业和电子计算机及办公设备制造业的创新能力 $IC_i(i=1, 2, 3, 4)$ 序列与产业结构优化升级序列 Y 之间在 1% 的显著水平下只存在 1 个协整向量或长期均衡关系；医疗设备及仪器仪表制造业的创新能力 IC_5 序列与产业结构优化升级序列 Y 之间在 1% 的显著水平下存在多个长期均衡关系。

高技术产业各行业的创新能力与产业结构优化升级之间这种长期的均衡关系表明它们之间可能存在某种因果关系。下面利用 EView 6.0 软件对它们创新能力与产业结构水平之间的格兰杰因果关系进行检验，结果如表 6.11 所示。

表 6.11　高技术产业各行业创新能力与产业结构之间的格兰杰因果检验

行业序号	零假设	滞后期	F 统计量	概率值
1	IC_1 does not Granger Cause Y	3	6.45330	0.0517
2	IC_2 does not Granger Cause Y	3	3.5051	0.0882

续表

行业序号	零假设	滞后期	F 统计量	概率值
3	IC_3 does not Granger Cause Y	3	11. 1015	0. 0208
4	IC_4 does not Granger Cause Y	3	6. 65817	0. 0492
5	IC_5 does not Granger Cause Y	3	5. 08776	0. 07501

由表 6. 11 可以得出：在 5% 显著水平下，滞后 3 期时，电子及通信设备制造业和电子计算机及办公设备制造业的创新能力是产业结构优化升级的格兰杰成因；在 10% 显著水平下，滞后 3 期时，医药制造业、航空航天器制造业和医疗设备及仪器仪表制造业的创新能力是产业结构优化升级的格兰杰成因。

由表 6. 10 的高技术产业各行业 IC_i（$i=1$，2，3，4，5）与 Y 的协整方程以及表 6. 11 格兰杰因果检验结果，可以得到以下结论：

（1）1995 ~ 2008 年，医药制造业的创新能力与产业结构优化升级之间存在长期的均衡关系，创新能力每提高 1%，产业结构优化程度将提高大约 0. 4466 个百分点。

（2）1995 ~ 2008 年，航空航天器制造业的创新能力与产业结构优化升级之间存在长期的均衡关系，创新能力每提高 1%，产业结构优化程度将提高大约 0. 5495 个百分点。

（3）1995 ~ 2008 年，电子及通信设备制造业的创新能力与产业结构优化升级之间存在长期的均衡关系，创新能力每提高 1%，产业结构优化程度将提高大约 0. 7528 个百分点。

（4）1995 ~ 2008 年，电子计算机及办公设备制造业的创新能力与产业结构优化升级之间存在长期的均衡关系，结合表 6. 11 格兰杰因果检验的结果，创新能力每提高 1%，产业结构优化程度将提高大约 0. 8706 个百分点。

（5）1995 ~ 2008 年，医疗设备及仪器仪表制造业的创新能力与产业结构优化升级之间存在长期的均衡关系，创新能力每提高 1%，产业结构优化程度将提高大约 0. 4386 个百分点。

6.4.2 各行业科技创新能力对产业结构优化升级的影响

经过单位根检验，航空航天器制造业和医疗设备及仪器仪表制造业的科技创新能力 $ST_i(i=2, 5)$ 与产业结构优化升级情况（Y）非同阶变量，不能进行协整分析。医药制造业、电子及通信设备制造业和电子计算机及办公设备制造业的科技创新能力（ST_i，$i=1, 3, 4$）与产业结构优化升级情况（Y）均是一阶单整序列，所以，下面将进一步考察这三个行业的科技创新能力与产业结构优化升级之间是否存在协整关系。根据本研究数据情况，选择最大滞后阶数为二阶，使用 AIC、SC 信息准则和 LR 统计量作为选择最优滞后阶数的检验标准，确定 VAR（2）模型为最优模型。Johansen 协整检验结果如表 6.12 所示。

表 6.12 高技术产业各行业 $ST_i(i=1, 3, 4)$ 与 Y 的 Johansen 协整检验结果

行业序号	Johansen 协整检验	特征根	极大似然率	5%的显著性水平	1%的显著性水平	原假设	协整方程
1	ST_1 与 Y 协整检验	0.9252	28.64	15.41	20.04	None **	$Y=0.4466+0.3241ST_1$
		0.0109	0.121	3.76	6.65	At most 1	
3	ST_3 与 Y 协整检验	0.951	33.23	15.41	20.04	None **	$Y=0.4973+0.223ST_3$
		0.0043	0.048	3.76	6.65	At most 1	
4	ST_4 与 Y 协整检验	0.9177	29.12	15.41	20.04	None **	$Y=0.3864+0.5165ST_4$
		0.1392	1.649	3.76	6.65	At most 1	

注：样本区间为 1995 ~ 2008 年；*（**）表示在 5%（1%）的显著水平上拒绝原假设；临界值由软件 Eviews 6.0 给出。

根据表 6.12，由各行业的 $ST_i(i=1, 3, 4)$ 和 Y 两个序列的协整检验结果可以看出：医药制造业、电子及通信设备制造业和电子计算机及办公设备制造业的科技创新能力 $ST_i(i=1, 3, 4)$ 序列与产业结构优化升级序列 Y 之间在 1% 的显著水平下只存在 1 个协整向量或长期均衡关系。

这三个行业的科技创新能力与产业结构优化升级之间长期的均衡关系表明它们之间可能存在某种因果关系。下面利用 EView 6.0 软件对它们创新能力与产业结构水平之间的格兰杰因果关系进行检验，检验结果如表 6.13 所示。

表 6.13　　分行业科技创新能力与产业结构之间的格兰杰因果检验

	零假设	滞后期	F 统计量	概率值
1	ST_1 does not Granger Cause Y	3	4.30615	0.0961
3	ST_3 does not Granger Cause Y	3	5.12768	0.0741
4	ST_4 does not Granger Cause Y	3	4.52724	0.0893

由表 6.13 可以得出：在 10% 显著水平下，滞后 3 期时，医药制造业、电子及通信设备制造业和电子计算机及办公设备制造业的创新能力是产业结构优化升级的格兰杰成因。

由表 6.12 的高技术产业各行业 ST_i（$i=1$，3，4）与 Y 的协整方程以及表 6.13 格兰杰因果检验结果，可以得到以下结论：

（1）1995～2008 年，医药制造业的科技创新能力与产业结构优化升级之间存在长期的均衡关系，该能力每提高 1%，产业结构优化程度将提高大约 0.3241 个百分点。

（2）1995～2008 年，电子及通信设备制造业的科技创新能力与产业结构优化升级之间存在长期的均衡关系，该能力每提高 1%，产业结构优化程度将提高大约 0.223 个百分点。

（3）1995～2008 年，电子计算机及办公设备制造业的科技创新能力与产业结构优化升级之间存在长期的均衡关系，该能力每提高 1%，产业结构优化程度将提高大约 0.5165 个百分点。

6.4.3　各行业创新转化波及能力对产业结构优化升级的影响

经过单位根检验，电子及通信设备制造业和电子计算机及办公设备制造业创新转化波及能力 TA_i（$i=3$，4）与产业结构优化升级情况（Y）非同阶变量，不能进行协整分析。医药制造业、航空航天器制造业和医疗设备及仪器仪表制造业的创新转化波及能力（TA_i，$i=1$，2，5）与产业结构优化升级情况（Y）均是一阶单整序列，所以，下面将进一步考察这三个行业的创新转化波及能力与产业结构优化升级之间是否存在协整关系。根据本研究数据情况，选择最大滞后阶数为二阶，使用 AIC、SC 信息准则和 LR 统计量作为选择最优滞后阶数的检验标准，确定 VAR(2) 模型为最优模型。Johansen 协整检验结果如表 6.14 所示。

表 6.14　　高技术产业各行业 TA_i 与 Y 的 Johansen 协整检验结果

行业序号	Johansen 协整检验	特征根	极大似然率	5% 的显著性水平	1% 的显著性水平	原假设	协整方程
1	TA_1 与 Y 协整检验	0.912	32.068	15.41	20.04	None **	$Y=0.0064+1.2442TA_1$
		0.38422	5.3335	3.76	6.65	At most 1 *	
2	TA_2 与 Y 协整检验	0.92228	29.45	15.41	20.04	None **	$Y=0.435+0.371TA_2$
		0.11547	1.3497	3.76	6.65	At most 1	
5	TA_5 与 Y 协整检验	0.85118	21.906	15.41	20.04	None **	$Y=0.4787+0.2501TA_5$
		0.08278	0.9505	3.76	6.65	At most 1	

注：样本区间为 1995～2008 年；*（**）表示在 5%（1%）的显著水平上拒绝原假设；临界值由软件 Eviews 6.0 给出。

根据表 6.16，由各行业的 TA_i($i=1$，2，5）和 Y 两个序列的协整检验结果可以看出：医药制造业、航空航天器制造业和医疗设备及仪器仪表制造业的创新转化波及能力（TA_i，$i=1$，2，5）序列与产业结构优化升级序列 Y 之间在 1% 的显著水平下只存在 1 个协整向量或长期均衡关系。

这三个行业的创新转化波及能力与产业结构优化升级之间长期的均衡关系表明它们之间可能存在某种因果关系。下面利用 EView 6.0 软件对它们创新能力与产业结构水平之间的格兰杰因果关系进行检验，检验结果如表 6.15 所示。

表6.15 分行业创新转化波及能力与产业结构之间的格兰杰因果检验

	零假设	滞后期	F统计量	概率值
1	TA_1 does not Granger Cause Y	3	5.07565	0.0753
2	TA_2 does not Granger Cause Y	3	5.33919	0.0697
5	TA_5 does not Granger Cause Y	3	0.57038	0.6637

由表6.15可以得出：在10%显著水平下，滞后3期时，医药制造业、航空航天器制造业的创新转化波及能力是产业结构优化升级的格兰杰成因。而医疗设备及仪器仪表制造业的创新转化波及能力不是产业结构优化升级的原因。

由表6.14的高技术产业各行业 TA_i（$i=1, 2, 5$）与 Y 的协整方程以及表6.15格兰杰因果检验结果，可以得到以下结论：

（1）1995～2008年，医药制造业的创新转化波及能力与产业结构优化升级之间存在长期的均衡关系，该能力每提高1%，产业结构优化程度将提高大约1.2442个百分点。

（2）1995～2008年，航空航天器制造业的创新转化波及能力与产业结构优化升级之间存在长期的均衡关系，该能力每提高1%，产业结构优化程度将提高大约0.371个百分点。

（3）1995～2008年，电子计算机及办公设备制造业的创新转化波及能力与产业结构优化升级之间存在长期的均衡关系，但是前者并非产业结构优化升级的原因。

6.4.4 各行业创新环境制度影响支撑能力对产业结构优化升级的影响

经过单位根检验可以发现五个行业的创新环境制度影响支撑能力（ES_i，$i=1, 2, 3, 4, 5$）与产业结构优化升级情况（Y）均是一阶单整序列，所以，下面将进一步考察各行业的创新环境制度影响支撑能力与产业结构优化升级之间是否存在协整关系。根据本研究数据情况，选择最大滞后阶数为二阶，使用 AIC、SC 信息准则和 LR 统计量作为选择最优滞后阶数的检验标准，确定 VAR(2) 模型为最优模型。Johansen 协整检验结果如表 6.16 所示。

表 6.16　　高技术产业各行业 ES_i 与 Y 的 Johansen 协整检验结果

行业序号	Johansen 协整检验	特征根	极大似然率	5% 的显著性水平	1% 的显著性水平	原假设	协整方程
1	ES_1 与 Y 协整检验	0.92503	37.921	15.41	20.04	None **	$Y = 0.091 + 0.9798ES_1$
		0.57543	9.4234	3.76	6.65	At most 1 **	
2	ES_2 与 Y 协整检验	0.82813	19.411	15.41	20.04	None *	$Y = 0.7729 + 0.2019ES_2$
		0.00363	0.04	3.76	6.65	At most 1	
3	ES_3 与 Y 协整检验	0.93627	44.857	15.41	20.04	None **	$Y = 0.0064 + 1.2442ES_3$
		0.73414	14.573	3.76	6.65	At most 1 **	
4	ES_4 与 Y 协整检验	0.87117	31.657	15.41	20.04	None **	$Y = 0.1669 + 0.984ES_4$
		0.56334	9.1147	3.76	6.65	At most 1 **	
5	ES_5 与 Y 协整检验	0.73919	17.466	15.41	20.04	None *	$Y = 0.1615 + 0.8783ES_5$
		0.21639	2.6822	3.76	6.65	At most 1	

注：样本区间为 1995～2008 年；*（**）表示在 5%（1%）的显著水平上拒绝原假设；临界值由软件 Eviews 6.0 给出。

根据表 6.16，由各行业的 $ES_i(i=1, 3, 4)$ 和 Y 两个序列的协整检验结果可以看出：医药制造业、电子及通信设备制造业和电子计算机及办公设备制造业的 $ES_i(i=1, 3, 4)$ 序列与产业结构优化升级序列 Y 之间在 1% 的显著水平下存在多个协整向量或长期均衡关系；航空航天器制造业和医疗设备及仪器仪表制造业的 $ES_i(i=2, 5)$ 序列与产业结构优化升级序列 Y 之间在 1% 的显著水平下只存在一个长期均衡关系。

高技术产业各行业的创新环境制度影响支撑能力与产业结构优化升级之间这种长期的均衡关系表明它们之间可能存在某种因果关系。下面利用 Eview 6.0 软件对它们创新能力与产业结构水平之间的格兰杰因果关系进行检验，检验结果如表 6.17 所示。

表6.17　　高技术产业各行业创新环境制度影响支撑能力与产业结构之间的格兰杰因果检验

行业序号	零假设	滞后期	F统计量	概率值
1	ES_1 does not Granger Cause Y	3	6.36852	0.0528
2	ES_2 does not Granger Cause Y	3	11.3144	0.0064
3	ES_3 does not Granger Cause Y	3	20.4485	0.0069
4	ES_4 does not Granger Cause Y	3	2.31208	0.2178
5	ES_5 does not Granger Cause Y	3	5.20011	0.0413

由表6.17可以得出：在1%显著水平下，滞后3期时，航空航天器制造业和电子及通信设备制造业的创新环境制度影响支撑能力是产业结构优化升级的格兰杰成因；在5%显著水平下，滞后3期时，医疗设备及仪器仪表制造业的创新环境制度影响支撑能力是产业结构优化升级的格兰杰成因；在10%显著水平下，滞后3期时，医药制造业的创新环境制度影响支撑能力是产业结构优化升级的格兰杰成因。而电子计算机及办公设备制造业的创新环境制度影响支撑能力不是产业结构优化升级的原因。

由表6.16的高技术产业各行业ES_i($i=1$，2，3，4，5）与Y的协整方程以及表6.17格兰杰因果检验结果，可以得到以下结论：

（1）1995～2008年，医药制造业的创新环境制度影响支撑能力与产业结构优化升级之间存在长期的均衡关系，该能力每提高1%，产业结构优化程度将提高大约0.9798个百分点。

（2）1995～2008年，航空航天器制造业的创新环境制度影响支撑能力与产业结构优化升级之间存在长期的均衡关系，该能力每提高1%，产业结构优化程度将提高大约0.2019个百分点。

（3）1995～2008年，电子及通信设备制造业的创新环境制度影响支撑能力与产业结构优化升级之间存在长期的均衡关系，该能力每提高1%，产业结构优化程度将提高大约1.2442个百分点。

（4）1995～2008年，电子计算机及办公设备制造业的创新环境制度影响支撑能力与产业结构优化升级之间存在长期的均衡关系，但是结合

表6.17格兰杰因果检验的结果，前者并非产业结构优化升级的原因。

（5）1995～2008年，医疗设备及仪器仪表制造业的创新环境制度影响支撑能力与产业结构优化升级之间存在长期的均衡关系，创新能力每提高1%，产业结构优化程度将提高大约0.8783个百分点。

6.4.5 主要结论

综合以上关于高技术产业各行业创新能力及构成维度对产业结构优化升级的影响研究，得出以下结论：

（1）高技术产业各行业的创新能力的提升都会带动产业结构的优化升级，其带动作用按照大小依次是：电子计算机及办公设备制造业、电子及通信设备制造业、航空航天器制造业、医药制造业和医疗设备及仪器仪表制造业。其中，电子计算机及办公设备制造业和电子及通信设备制造业这两个行业占高技术产业产值比重高达80%，而且二者的发展在总体上是承接国际产业转移的结果，相比于其他行业具有一定市场、资金、人才和技术上的优势，这种优势使得二者的创新能力在相当长的一段时期内发挥着优化产业结构的作用。

（2）从构成创新能力的三个维度看，不同的高技术行业的科技创新能力、创新转化波及能力和创新的环境制度影响支撑能力优化产业结构的表现是不同的。总体上讲，在研究区间内，经实证检验：①各行业的发展实力和制度环境建设对产业结构优化升级的作用比较大，按照大小排序依次是电子及通信设备制造业、医药制造业、医疗设备及仪器仪表制造业和航空航天器制造业，它们的创新环境制度影响支撑能力每提高1%，产业结构优化程度将提高大约1.2442个百分点、0.9798个百分点、0.8783个百分点和0.2019个百分点；②电子计算机及办公设备制造业、医药制造业和电子及通信设备制造业的科技创新能力对产业结构优化升级具有推动作用，它们的科技创新能力每提高1%，产业结构优化程度将提高大约0.5165个百分点、0.3241个百分点和0.223个百分点；③医药制造业和航空航天器制造业对产业结构优化升级具有推动作用，它们的创新转化波及能力每提高1%，产业结构优化程度将提高大约 1. 2442 个百分点和 0. 371 个百分点。

本 章 小 结

本章定量研究了高技术产业以及各行业的创新能力及构成维度与产业结构优化升级之间的关系。得到了以下结论:

（1）高技术产业创新能力对产业结构优化升级的影响研究中:

①通过相关性分析，发现中国产业结构优化升级与高技术产业创新能力及其各构成维度之间都存在着正相关关系；从相关性强弱来看，相关度最强的是创新转化和波及能力，其次为创新环境制度影响支撑能力，最后是科技创新能力。

②通过协整分析和格兰杰因果关系检验发现，从长期来看，高技术产业创新能力（*IC*）及三个构成维度（X_1、X_2、X_3）对产业结构优化升级（*Y*）具有推动作用，*IC* 每提高 1%，*Y* 将提高大约 0. 551 个百分点；X_1 每提高 1%，*Y* 将提高大约 0. 286 个百分点；X_2 每提高 1%，*Y* 将提高大约 0. 362 个百分点；X_3 每提高 1%，*Y* 将提高大约 0. 57 个百分点。

（2）高技术各行业创新能力对产业结构优化升级的影响研究中:

①高技术产业各行业的创新能力的提升都会带动产业结构的优化升级，其带动作用按照大小依次是：电子计算机及办公设备制造业、电子及通信设备制造业、航空航天器制造业、医药制造业和医疗设备及仪器仪表制造业。

②从构成创新能力的三个维度看，在研究区间内，经实证检验不同的高技术行业的科技创新能力、创新转化波及能力和创新的环境制度影响支撑能力优化产业结构的表现是不同的。

第 7 章

结论和政策建议

7.1 主要结论

波特（1990）将国家经济发展分为四个阶段：生产要素驱动阶段、投资驱动阶段、创新驱动阶段、财富驱动阶段[145]。在生产要素驱动和投资驱动充分带动经济增长之后，创新驱动将彻底改变经济增长的方式和质量。此时，国家间竞争的重点转向以科技创新为基础的产业群的竞争，这些产业群已经成为当前世界经济发展的强大动力和世界大国争夺的战略制高点[146]。它们不仅创造高级而专业化的生产要素，同时也与特定产业形成联系，将其竞争优势在发展过程中扩散到其他相关产业，促使产业关联以垂直深化的方向发展，同时，由于既有企业和新加入企业的共同推动，产业关联将由纵向转为横向水平式发展，形成更新、更大的产业群，进而形成比较完善的产业创新网络[147]。这时政府主要从事一些间接活动，如刺激或创造更高级的生产要素、改进国内需求质量、鼓励战略性高技术产业的出现、维持国内竞争的良好环境等。

高技术产业是科学知识作用于技术的产业体系，具有“知识密集性和技术先进性”特征。经过 10 多年的发展，中国高技术产业已具有一定规模，高技术产业通过创新效应显现出的竞争优势日益受到广泛关注，已成为中国创新体系的重要组成部分。由于其技术集聚性、高附加值以及有效的知识、技术溢出机制，高技术产业具有强大的研发和创新优势，这种优势对于增强产业结构转换能力，推动产业结构优化升级具有重要意义。

“十一五”及以后一段时期是中国经济社会发展的重要阶段，是机遇与矛盾并存的时期，是进行经济结构战略性调整的关键时期，加快发展高技术产业，增强高技术产业自主创新能力，推进产业结构优化升级是该时期的重要任务。

本书以高技术产业创新能力作为推进产业结构优化升级的切入点，通过理论分析和实证研究对高技术产业创新能力对产业结构优化升级的影响进行论证。本书首先对高技术产业创新能力进行了界定和系统诠释，研究了基于产业结构优化升级视角的高技术产业创新能力的内涵和外延；探讨了高技术产业创新能力对产业结构优化升级的作用机制、路径；并建立评价高技术产业创新能力和产业结构优化升级的指标体系，对高技术产业创新能力对产业结构优化升级是否具有影响、影响程度进行了验证。以上是本研究的主体部分，理论构建是本书定性研究的主要内容，量化分析及实践性应用构成本书定量及实证研究的内容。从理论和实证两个角度分析了中国高技术产业创新能力对于产业结构优化升级的影响机制，并得到以下主要结论和认识：

（1）从产业结构优化升级视角界定高技术产业创新能力的内涵和外延。以产业创新理论，产业关联理论、动态能力理论为依托，将高技术产业的科技创新活动置于整个产业体系中，强调了创新活动广泛的影响力和持续的提升力（源于产业间技术联系引发的连锁反应），将高技术产业创新能力分解为三个维度——科技创新能力、创新转化波及能力和创新的环境制度影响支撑能力。

（2）构建了高技术产业创新能力推进产业结构优化升级的基本理论框架，在此基础上研究了高技术产业创新能力对产业结构优化升级的影响机制。从构成其的三个维度——高技术产业科技创新能力、创新转化波及能力和创新的环境制度影响支撑能力分别展开讨论，首先，分别研究了每一个维度在高技术产业创新能力中的地位以及与其他构成维度之间的关系，其次分析三个维度是推进产业结构优化升级的逻辑过程，即讨论该过程中所涉及的各主要环节、各环节之间的联系和联系方式，研究这种联系和联系方式的存在条件及其变化。

（3）对 1995 ~ 2008 年中国高技术产业创新能力和产业结构优化升级状况进行评估，得到以下结论：第一，1995 ~ 2008 年中国高技术产业创新能力是平稳提升的；创新能力是高技术产业科技创新能力、创新转化波及能力和创新环境制度影响支撑能力共同作用的结果，它们之间呈现高度的正相关关系，而且任何一个能力的提升都会对综合能力的提升产生积极的影响。按照相关关系的紧密程度，分别是创新环境制度影响支撑能力（0.9786）、科技创新能力（0.9462）、创新转化波及能力（0.9345）；按照对创新能力的影响程度，分别是创新环境制度影响支撑能力（1.105）、创新转化波及能力（0.993）、科技创新能力（0.713）。第二，1995 ~ 2008 年中国产业结构优化升级态势显著，特别是在 1998 年产业结构优化升级出现较大飞跃，以后的 10 年间中国的产业结构一直保持在一个比较高的水平上。进一步研究发现，1995 ~ 2008 年中国产业结构优化升级主要得益于产业结构合理化，而产业结构高度化过程却是大起大落的态势，这直接造成了产业结构优化升级过程的波动。

（4）实证分析的结果说明在 1995 ~ 2008 年，中国高技术产业创新能力与产业结构优化升级之间存在高度正相关关系。通过协整分析和格兰杰因果关系检验，得到高技术产业创新能力是产业结构优化升级的格兰杰成因，高技术产业创新能力每提高 1%，产业结构优化程度提高 0.551 个百分点。

（5）实证分析的结果还得出了基于产业结构优化升级的高技术产业创新能力的培养路径。通过协整分析和格兰杰因果关系检验，高技术产业创新能力三个维度——科技创新能力、创新转化波及能力和创新环境制度影响支撑能力的提高都会对产业结构的优化升级产生积极影响，其中，创新的环境制度影响支撑能力每提高 1%，产业结构优化程度提高 0.57 个百分点，对产业结构优化升级的贡献最大，创新转化波及能力每提高 1%，产业结构优化程度提高 0.362 个百分点，科技创新能力每提高 1%，产业结构优化程度提高 0.286 个百分点。而这三个维度之间也存在着紧密的相互提升的关系。这就意味着，要使高技术产业创新能力成为促进产业结构优化和经济发展的有效途径，就要加强高技术产业科技创新能力、积极推进高新技术成果产业化、市场化，扩大创新成果的使用范围，重视创新环境的建设等。

（6）经实证检验，高技术各行业创新能力的提升都会带动产业结构的优化升级，不同的高技术行业的科技创新能力、创新转化波及能力和创新的环境制度影响支撑能力优化产业结构的表现是不同的。

7.2　提升高技术产业创新能力对于产业结构优化升级促进作用的政策建议

7.2.1　中国高技术产业创新能力提升过程中存在的问题

高技术产业创新能力及三个构成维度都对产业结构优化升级具有积极的推动作用，因此，要重视对高技术产业创新能力的建设，包括科技创新能力、创新转化波及能力和创新的环境制度影响支撑能力。为了给出更有针对性的政策建议，本书基于产业结构优化升级视角对当前高技术产业中存在的影响创新能力提升的主要问题加以讨论，总结为以下几点：

（1）高技术产业规模增长速度放缓，在整个制造业中的比重持续下降——这一问题直接影响到高技术产业自身科技创新能力的提升和创新影响力的发挥。

2008 年中国高技术产业总产值比 2007 年增长了 13.1%，增长率比 2007 年下降 7.1 个百分点，这一增长速度也大大低于同期制造业的增长速度（24.8%）。由于高技术产业的增速大大低于制造业，导致高技术产业总产值对制造业总产值的贡献下降，从 2007 年的 10.7% 减少到 2008 年的 7.6%，下降了 3.1 个百分点。自 1995 年以来，高技术产业占制造业的比重逐年上升，到 2003 年达到最大值 16.1%。从 2004 年始，高技术产业占制造业的比重呈逐年下降的趋势，到 2008 年该比重下降到 12.9%，比 2007 年下降 1.4 个百分点。在中国，高技术产业主要分布在制造业中，这些高技术制造业的发展可以广泛带动相关行业的技术进步、生产效率的提高和竞争力的提升。进一步，从行业规模来看，许多高技术行业都具有规模经济效益显著的特征，如机械制造业是规模效益特点最为显著的产业，但中国机械制造业前 300 家企业的生产集中度、企业销售额占整个机械工业的比重仅为 20%，而发达国家一般都在 90% 左右[148]。由于受到行业规模限制，R&D 的规模效率也难以得到充分发挥，冯泰文（2008）运用 DEA 模型对中国高技术制造业的 R&D 效率进行了测定，结果显示规模大的行业其 R&D 技术效率相对较高，中国高技术制造业的 R&D 规模效率大多处在规模无效状态，且规模无效的行业大部分处在规模递增区间[149]。该结果表明中国高技术制造业的规模化有助于 R&D 效率的提高，这可能得益于规模化有助于高技术制造业内部的技术外溢和技术转移。

因此，没有一定规模的高技术行业，既会影响到高技术产业的科技创新活动，也会影响到高新技术成果的转移扩散。

（2）高技术产业中三资企业处于明显的主导地位——该问题对于中国高技术产业创新能力的提升将产生难以估量的负面影响，更不要说通过高技术产业创新能力的提升带动中国产业结构优化升级。

2008 年中国高技术企业数共计 25817 家，比 2007 年增加 4300 家。其中，国有及国有控股企业数量 1743 家，继 2007 年比 2006 年减少 143 家后，2008 年继续减少 74 家；三资企业数则继续增加，达到 9296 家，比 2007 年增加了 1268 家，占全部高技术产业企业数的 36%。2008 年，三资企业总产值占高技术产业总产值的比重达到 70. 3%，从业人员比重为 60. 2%，出口交货值占 89. 9%，利税占 54. 6%。可见，三资企业在中国高技术产业中处于明显的主导地位。

而三资企业的技术不会对中国高技术产业创新能力的提高产生实质性影响。蒋殿春等人（2005）使用中国 13 个三位码高新技术行业的面板数据，通过研究 FDI 对于中国高技术产业技术创新作用的影响已经发现：FDI 的竞争效应不利于国内企业创新能力的成长，但是会通过示范效应和科技人员的流动效应等促进国内企业的研发活动[150]。同时期还有冼国明、严兵（2005）利用 1998 ~ 2003 年省际层面的相关数据，对外资对中国创新能力方面影响进行了初步研究，实证结果表明：外资对中国的技术创新水平有正向的促进作用，但这种促进作用主要体现在一些较低层次的技术创新，尤其在外观设计专利上[151]。同时，三资企业的这种主导地位将会对中国高技术产业自主创新产生严重的不良影响。有资料显示，尽管中国的外贸总额已经居世界第三位，但是自主创新的高技术产品所占比例极小，大约仅占外贸总额的2%。正是跨国公司将生产基地搬到中国，才造成中国高技术产品的大量出口，真正中国本土企业自有品牌出口所占份额不足10%①。在这种情况下，大量的利润被外国企业所获得，外国企业利用攫取的高额利润为以后的创新活动提供大量资金，这样，中国的企业在技术上特别是具有战略意义产业的技术上总是处于落后地位，将无法与国外企业竞争，长期处于“制造业大国”，而非“制造业强国”，这将危及中国的产业安全乃至整个国家的经济安全。

另外，三资企业的核心技术含量不高，难以发挥高技术的辐射带动作用，导致高技术产业将难以发挥其对产业结构优化升级的带动作用。从中国引进外商投资的情况来看，所引进的技术大多数是二、三流技术，真正属于世界领先技术的很少，这与中国引进国外先进技术和管理经验的目标相差甚远。即使有些外商提供了高新技术，也没有真正将最新关键技术提供给中国。此外，外商在高技术产业领域的投资地域分布过于集中、技术层次偏低、规模过小、一般性的劳动密集型加工项目过多等问题，因此低水平重复引进现象较为普遍，不仅不能推动产业结构的合理化和高度化，反而会使未来结构调整的难度更大，代价提高。

（3）高技术产业R&D投入总量偏少、结构不合理而且技术创新效率低下——这一问题直接影响高技术产业自主研发能力的提升。

2008年中国高技术产业R&D经费支出655.20亿元，新产品开发经费支出798.4亿元。但与发达国家相比，中国高技术产业的R&D投入强度（R&D经费占工业增加值的百分比）仍然偏低（如表7.1所示）。

① 资料来源：http：//202.110.133.166：85/inforead.asp? tid=649&typeid=n06 张金杰．“外资对中国经济影响巨大‘双刃剑’影响孰重孰轻”．

表 7.1　　中国与部分国家高技术产业 R&D 投入强度

行业	中国(2007 年)	美国(2006 年)	日本(2006 年)	德国(2006 年)	法国(2006 年)	英国(2006 年)	韩国(2006 年)
高技术产业	6.0	39.8	28.9	21.5	31.9	26.6	21.3
医药制造业	4.7	46.2	37.1	23.9	33.4	42.3	6.3
航空航天器制造业	15.4	24.1	11.5	32.9	31.1	31.1	26.1
电子及通信设备制造业	6.8	43.3	13.4	28.8	50.9	23.9	25.1
电子计算机及办公设备制造业	3.9	34.7	—	14.9	27.7	1.4	14.2
医疗设备及仪器仪表制造业	6.3	48.3	31.9	13.6	19	7.8	10.3

资料来源：《中国高技术产业统计年鉴》(2008)。

可见，中国高技术行业的研发投入强度与主要发达国家相比偏低。在目前研发资本存量对于中国高技术企业而言仍是稀缺资源的情况下，提高其使用效率对于提升高技术企业创新能力就显得尤为重要，但是事实却是中国高技术产业技术创新效率也不高。为了说明这一点，本书做了进一步的实证研究，结合今后中国主要任务——以自主创新提升产业技术水平，形成更多拥有自主知识产权的知名品牌，这其中国有高技术企业可以说是自主创新的主要阵地，因此，下面就高技术产业中国有及国有控股企业与三资企业的技术创新效率作一比较，以进一步说明国有高技术企业技术创新的发展水平。

这里以 2000 ~ 2008 年的数据为基础，采用 DEA 分析方法建立分析模型。DEA 分析实质是根据一组关于输入输出的观察值来估计有效生产的前沿面并以此为基础进行多目标综合效果评价。其优点是适合于具有输入输出指标的决策单元 DMU 的相对有效性评价，并且输入输出指标的单位可以不统一。此外，DEA 还可以判断各个 DMU 的投入规模的适合程度，给出各 DMU 调整其投入规模的方向和程度[152]。具体步骤如下：

第一，选取数据。在研究技术创新效率时，选取技术创新资源系统中人力资源和财力资源作为投入，知识形态的成果和技术创新带来的经济效益作为产出进行分析。投入指标包括：R&D 经费内部支出（亿元）；R&D 活动人员折合全时当量（人年）；新产品开发经费支出（亿元）。产出指标包括：专利申请数（项）；新产品销售收入（亿元）；产值（亿元）。

第二，数据处理。分别对国有及国有控股高技术企业和高技术三资企业 2000～2008 年逐年的技术效率和规模效益情况进行实证分析，利用有关价格缩减指数对指标的数据进行调整。高技术产业属于工业部门，因此用 GDP（工业）缩减指数来调整 2000～2008 年各年的 R&D 经费内部支出、新产品开发经费支出、新产品销售收入和产值，这里数据都是以 2000 年为基年而得到的，相互之间具有可比性。

另外，以美国经济学家兹维・格里里奇为代表的研究者认为，企业所拥有的技术知识的大部分，都是以往研究开发所生产的知识和经验的积累，即技术知识存量。这种存量构成了其后技术开发的基础[153]。本研究采用 R&D 经费存量值来代替当年的 R&D 经费值。借用 OECD 国家计算 R&D 资本存量的方法算出中国 2000 年两类所有制企业 R&D 经费存量[154]。

假设各年按不变价格调整后的 R&D 经费为 KJ_t（$t = 2000, 2001, \cdots, 2008$），R&D 经费的重置率 δ（由于知识的老化而产生的）参考国际惯例为 15%，R&D 经费的年增长率为 μ，用 2000～2008 年的平均增长率代替，即：

$$\mu_i = (\sqrt[8]{KJ_{2008}/KJ_{2000}}) - 1 \qquad (7.1)$$

设基年即 2000 年的 R&D 经费存量的增长率为 μ，则：

$$SST_{2001} - SST_{2000} = SST_{2000} * \mu = KJ_{2001} - SST_{2000} * \delta \qquad (7.2)$$

由此得到基年 R&D 经费存量的计算公式为：

$$SST_{2000} = KJ_{2001}/(\mu + \delta) = KJ_{2000} * (1 + \mu)/(\mu + \delta) \qquad (7.3)$$

通过永续盘存法推导出 2001～2008 年各年的 R&D 经费存量，公式为：

$$SST_{t+1} = SST_t * (1 - \delta) + KJ_{t+1} \qquad (7.4)$$

对新产品开发经费的存量也按式（7.1）～式（7.4）进行调整。调整后的数据如表 7.2 和表 7.3 所示。

表 7.2　2000～2008 年国有及国有控股高技术企业技术投入产出数据

年份	R&D 活动人员折合全时当量（人年）	R&D 经费内部支出（亿元）	新产品开发经费支出（亿元）	新产品销售收入（亿元）	专利申请数（项）	行业产值（亿元）
2000	58427	107.2654	93.5011	588.4034	734	4304.4800
2001	55744	132.4734	114.5146	387.6162	575	4307.7461
2002	53565	157.0383	148.4154	461.2415	896	4347.0197
2003	34527	175.3473	173.7137	619.0084	1009	5240.7454
2004	64734.94	269.8930	267.2797	1884.6413	2897	5184.5538
2005	91739.88	379.9630	388.7701	2102.9582	5474	5744.8540
2006	111531.17	542.0433	565.6520	2181.0708	12939	4621.5069
2007	86430.28	616.4187	652.6406	2091.2208	6168	5025.4831
2008	95520.67	732.1524	775.9227	2547.5484	11819	6745.5044

资料来源：《中国高新技术产业统计年鉴》（2005、2009）。

表 7.3　2000～2008 年高技术三资企业技术投入产出数据

年份	R&D 活动人员折合全时当量（人年）	R&D 经费内部支出（亿元）	新产品开发经费支出（亿元）	新产品销售收入（亿元）	专利申请数（项）	行业产值（亿元）
2000	12803	93.6444	92.2942	1495.8175	582	6136.2900
2001	19872	122.8049	123.9738	1761.0687	795	7164.7655
2002	17556	162.3234	158.5371	2096.4866	1607	8804.2167
2003	29866	213.5459	219.7277	2494.8142	3214	13525.0054
2004	32871	306.8306	305.4302	4342.5513	4665	21066.2169
2005	51740	416.5078	455.4555	4728.8431	6036	25692.8322
2006	59698	555.9188	619.1546	5674.9300	8816	30315.8945
2007	82417	715.7334	838.5469	7258.8235	10249	36920.6616
2008	94721	888.3675	1104.6048	9323.0995	11759	41705.8079

资料来源：《中国高新技术产业统计年鉴》（2005、2009）。

第三，高技术产业中国有企业与三资企业技术创新效率比较。

①技术效率。表 7.4 显示，2000～2008 年，高技术产业中国有及国有控股企业技术效率落后于三资企业，前者平均为 0.652，后者平均为 0.94。从图 7.1 可以看出，三资企业技术效率一直比较高，国有企业在大多数年份技术效率都低于三资企业，2000～2003 年二者差距不断扩大，分别相差了 0.333、0.363、0.492 和 0.526。2004 年以后，国有企业技术效率有提高的趋势，但个别年份（2007 年）仍出现反复，说明这种提高具有一定的不稳定性。

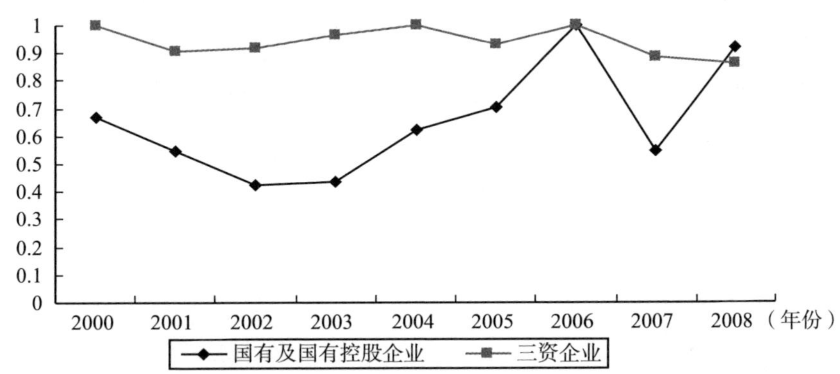

图 7.1　2000～2008 年高技术产业两类所有制企业总经济效率趋势

下面进一步将技术效率分解为纯技术效率与规模效率的乘积，纯技术效率反映了在现有技术条件下行业创新的投入产出水平，即假定生产已经对应了最优生产规模，即在“不变规模报酬（CRS）”假定下实际生产点与生产可能性曲线差距的测度。在一定的技术条件和相同的投入下，纯技术效率越高，产出率越高。规模效率实际上反映的是行业宏观管理水平，它是从规模经济角度分析的。

②纯技术效率。由表 7.4 可以看出，2000～2008 年国有及国有控股企业纯技术效率远远落后于三资企业，从 9 年的均值来看，两类企业的纯技术效率差距平均为 0.2；国有及国有控股企业纯技术效率在多数年份都小于 1，2007 年该值仅为 0.558，直接影响了技术效率。而且国有企业纯技术效率的改善并不明显，与三资企业的稳定高效相比，前者的表现很不平稳。三资企

业只有2001年小于1，其余年份都达到了相对最优状态。这说明高技术三资企业的纯技术效率占有一定优势，反映了两类所有制企业管理水平存在着一定的差距。

③规模效率。从总体上看，2000～2008年国有及国有控股高技术企业规模效率也落后于三资企业，从9年的均值来看，两类企业的规模效率差距平均为0.127。不过与纯技术效率相比，国有企业规模效率的改进还是比较明显的。2004年以后，国有企业的规模效率一直好于三资企业，技术效率的提高正是得益于规模效率的提升。进一步由表7.4数据看出，国有高技术企业规模效率较低的原因来自规模较小，其中7个年份规模不经济都是规模小造成的。这说明国有的高技术企业处于规模报酬递增阶段，扩大规模，可以带来经济效率的改善。

表7.4　　2000～2008年高技术产业两类所有权企业技术投入效率及分解

国有及国有控股企业					三资企业				
年份	技术效率	纯技术效率	规模效率	规模报酬	年份	技术效率	纯技术效率	规模效率	规模报酬
2000	0.667	1	0.667	irs	2000	1	1	1	—
2001	0.545	0.806	0.677	irs	2001	0.908	0.924	0.983	drs
2002	0.425	0.69	0.615	irs	2002	0.917	1	0.917	irs
2003	0.437	0.624	0.701	irs	2003	0.963	1	0.963	irs
2004	0.623	0.698	0.892	irs	2004	1	1	1	—
2005	0.702	0.738	0.951	irs	2005	0.932	1	0.932	drs
2006	1	1	1	—	2006	1	1	1	—
2007	0.545	0.558	0.976	irs	2007	0.886	1	0.886	drs
2008	0.92	1	0.92	drs	2008	0.858	1	0.858	drs
平均	0.652	0.79	0.822	—	平均	0.94	0.992	0.949	—

可见，对比高技术产业中国有企业和三资企业的技术创新效率情况，国有高技术企业技术效率落后于三资企业，而纯技术效率低是造成差距的主要

原因。相比于三资企业研发资源的大规模投入，国有企业资源投入规模小，2000~2009年三资企业的R&D经费投入年均增长30.5%，比国有企业高3.4个百分点，新产品开发经费年均增长33.7%，比国有企业高3.4个百分点，R&D活动人员折合全时当量年均增长28.4%，比国有企业高22.4个百分点。而且国有企业还存在大量人力、经费的浪费问题。从而导致了国有高技术企业技术水平低、技术储备少、技术水平与外资企业存在较大差距。

以上是当前中国高技术产业中存在的影响创新能力提升的三个关键问题，这些问题的存在直接影响到高技术产业创新能力特别是自主创新能力的提升，进而影响中国产业结构的优化升级。可以说，当前中国产业结构中存在的主要问题——工业结构的实际高度化不足、存在一定的虚高度化问题，工业生产经营粗放化、资源消耗大、经济效益低下问题，加工贸易产业发展过度问题以及现代服务业比重偏低问题等，都有赖于高技术产业创新能力特别是自主创新能力的提升。

7.2.2 提升高技术产业创新能力的政策建议

7.2.2.1 扶持、壮大新兴高技术行业，提升新兴高技术行业自主创新能力

高技术产业创新能力对产业结构优化升级的作用机制一方面是通过扩大新兴高新技术产业的比重来实现的，另一方面是通过带动传统产业技术升级来实现的。而新兴高技术产业既是新的经济增长点和产业结构转换的动力，又是带动传统产业技术升级的重要力量。更为重要的是，在业已成形的传统产业分工布局中，中国企业已经很难掌握核心技术，只有在依靠自主知识产权发展起来的新兴高技术产业才能形成核心技术，这是掌握市场主动权、赢得竞争力的关键条件。

因此，一方面着眼于中国当前经济结构战略性调整的需要，另一方面着眼于提升本土企业竞争力的需要，选择具有技术优势、产业优势、资源优势的信息、航空、生物与制药、先进制造、能源等领域，培育新兴高技术产业

群，促进高技术产业的规模化和国际化发展，形成新的经济增长点。而这些新兴部门基本孕育于高技术产业内部五个子行业中。其中，信息产业和先进制造产业在中国已经具备了一定的市场规模，[155]但主要集中在产业链下游的劳动密集型部分，以代工为主，技术水平和产品附加值水平还有待提高，行业中缺少国际知名的品牌企业。生物医药领域的技术还是以引进吸收为主，自主研发的能力较弱，行业中大多是中小规模的企业。而航空航天业的发展主要以技术为导向，但是市场化程度较低，该行业在军工领域的技术具有较高的自主创新的能力，但在民用领域的技术较弱，主要还是以技术引进为主[156]。

通过前面的理论分析和实证研究，高技术产业及各行业的创新能力可以推动产业结构优化升级，但行业间的表现有别，为了有效提升各行业的创新能力，根据这些行业的发展现状提出发展战略如下：

（1）对于信息产业和先进制造业，首先，充分利用现有的市场优势和已有的资金、人才、技术上的积累，迅速向产业链上游延伸，加大对自主品牌的培养和扶持，重视合资企业的技术转移、重大引进项目的技术转移、企业并购的技术转移、国际科技合作的技术转移和海外人才流动的技术转移，在打造品牌企业的过程中，带动产业整体结构的不断优化。其次，完善产业体系，确保骨干产业稳定增长的同时着重在通信设备、信息服务和信息技术应用等领域培育新的增长点，进而实现创新的可持续发展。

（2）对于生物医药产业，在引进、吸收的过程中，逐步扩大企业的规模和市场，完成在技术、资金上的积累，不断提高企业自主技术创新的能力，主要以市场拓展和技术创新能力的积累来带动产业结构的优化。

（3）对于航空航天产业，要坚持技术与市场相结合的战略，有序开放航天产业市场，积极拓展国内外市场，完善航天产业链，促进航天产业的市场化。同时，适当地引导企业、研究机构、高校及社会力量进入航天产业，进一步加快航天市场的商业化进程。加强民用领域的国际合作，通过引进国外的先进技术，同时利用中国制造业的基础，加快航空航天制造业的规模发展。

7.2.2.2 发挥高技术企业的能动性，提高 R&D 经费投入比重和效率

在当前国际产业竞争已由生产阶段前移到研发阶段的背景下，中国的高

技术产业要加强科研活动，提高创新能力，需要进一步加大R&D经费投入的强度。为此，要发挥高技术企业的能动性，采取“政府投资和企业引资融资”相结合的办法。在发挥政府科研经费的带动作用和引导作用的同时，建立企业自筹为主体、金融部门为支撑、广泛吸纳民间及海外资金的多元化、多渠道的科技引资、融资体制，为高技术企业的科研活动提供更多的资金投入。同时，对一些新兴的高技术产业部门要加大政府资金的扶持力度；对一些重大项目，政府和高技术企业要携手构建起以市场为导向的产学研结合机制，通过技术链垂直传递和水平扩散来激发企业的创新活力，促进科研成果转化，提高科研经费的使用效率[157]。

然而，一味增加投入而忽视效率问题会弱化创新的意义，也不符合自主创新的发展要求，特别是对于发展中国家，由于人力资本、技术和资金相对缺乏，优化科研资源配置，提高创新要素在推动创新过程中的效率是应该予以重视的问题。有研究表明，中国高技术产业创新效率的总体增长主要来源于技术进步的贡献，资源配置效率的下滑对创新效率的增长造成了不利影响。每当技术进步促进高技术产业创新效率上升时，总会遇到来自资源配置效率下降的束缚[158]。

因此，首先要树立高技术企业科技创新的主体地位，建立以企业为主体，以市场为导向，企业同科技研发机构、高校相结合的技术创新体系，理顺科研经费投入活动中各主体方的关系，将科研项目的选择机制、激励机制、投融资机制紧密结合起来，提高科研活动的成功率。其次，要建立和完善对科研人员的绩效考核体系，优化人员配置，调动科研人员的工作积极性，提高研发效率，促进自主创新的发展。最后，改革高校科研活动的组织方式和架构，吸引企业资金，加强校企合作，促进科研成果的转化，使之能为新的科研活动“输血”。

7.2.2.3 加强基础设施建设

高新技术产业的崛起、自主创新活动以及传统产业的改造都离不开基础设施、基础产业提供的物质技术手段。基础设施的改善，会加快人员和货物的流动，有利于高新技术和产品的扩散，有利于扩大产业规模，从而改变产业结构。因此，为了更好地发挥高技术产业创新能力对产业结构优化升级的作用，需要进一步加强能源、交通、通信、城市公用设施、环保等基础设施和基础产业的建设，全面提高基础设施的配套服务功能和服务效率，促进资本、产品、劳动力的流通，从而有利于发挥高新技术成果的传导与拉动功能。为产业结构优化升级创造基础条件。

7.3 研究局限和进一步研究的方向

本书在研究数据和方法上都具有一定的局限性。从方法上来看，高技术产业创新能力和产业结构优化升级是两个复合变量，在研究两个复合变量之间数量影响关系时，目前可以借鉴的研究方法较少，本书借鉴王孝斌等(2009)[①] 的处理方法，尝试从两个复合变量的综合评价得分入手，继而分析两个得分序列的稳定性和影响关系，从高技术产业创新能力的构成维度入手探讨了其促进产业结构优化的路径；从数据上来看，本研究的相关变量采用的是宏观层面的数据，涉及高技术产业的主要数据自 1995 年以后相对完整和系统，因此，本书受样本数据所限，无法对高技术创新能力及构成维度对产业结构优化升级的影响进行更加深入的分析。

但对于对高技术产业创新能力的研究是一个很有意义的课题，进一步的研究方向是围绕现有的研究，基于企业层面的调研数据，深入探讨影响中国高技术产业创新的因素，完善高技术产业创新能力对于产业结构影响的理论框架，并且更加细致地实证分析高技术产业创新能力对于产业结构优化的具体促进作用和各种传导途径的影响。

---

① 王孝斌，陈武，王学军．区域智力资本与区域经济发展［J］．数量经济技术经济研究，2009(3)：16 -31.

参考文献

[1] H. 钱纳里等:《工业化和经济增长的比较研究》,上海人民出版社 1995 年版。

[2] 梁炜、任保平:《中国经济发展阶段的评价及现阶段的特征分析》,载于《数量经济技术经济研究》,2009 年第 4 期。

[3] Lan Chaston. Critical events and process gaps in the Danish technological institute SME Structured networking model. International Small business Journal, 1996, 14 (3): 71 – 85; EIU, Arthur Andersen. IBM, Vision 2010 and the learning organization. The Economist intelligence unit 1999; Michael E. Porter. The competitive Advantage of Nation. Te Free Press, N. Y. 1990. 18; George M Scott. Top priority management concerns about new product development. The Academy of Management Executive, 1999, 13 (3): 77 – 85.

[4] Eric Von Hippel, The Sources of Innovation. Oxford University Press, 1988; Fujimoto, T. M. Iansiti, and K. B. Clark. External Integration in Product Development. Nishiguchi, T. Managing Product Development. New York: Oxford University Press, 1996.

[5] Hardaker C. An Integrated Approach Towards Product innovation in International manufacturing organizations. European Journal of Innovation Management. 1998: 63 – 73.

[6] 郭万达:《现代产业经济词典》,中信出版社 1991 年版。

[7] 周振华:《产业结构优化论》,上海人民出版社 1991 年版。

[8] 约瑟夫·熊彼特:《资本主义、社会主义与民主》,商务印书馆 1999 年版。

[9] 保罗·克鲁格曼:《经济竞争力：深化与现实》，载于《科学》1991 年版。

[10] Freeman Chris, Luc Soete. The Economics of Industrial Innovation (Third Edition). London: Printer, 1997: 18 - 80, 223.

[11] Dodgson M, Rothwell R. The Handbook of Industrial Innovation [M]. Edward Elgar, 1994.

[12] Edquist. System of Innovation - Technologies, Institutions. Edited by Charles, London and Washington Printer, 1997.

[13] 张治河、丁华、孙丽杰、周国华:《创新型城市与产业创新系统》，载于《科学学与科学技术管理》，2006 年第 12 期。

[14] BRESCHIS, MALERBA F. Sectoral innovation systems: Technological regimes, schumpeterian dynamics, and spatial boundaries [A]. In: EDQUIST C. (ed.), Systems of innovation: Technologies, organisations, and institutions [C]. London: Pinter, 1997.

[15] MALERBA F. Sectoral systems of innovation and production [J]. Research Policy, 2002 (31): 247 - 264.

[16] 郭晓川:《企业网络合作化技术创新及其模式比较》，载于《科学管理研究》，1998 年第 10 期。

[17] Cooke, Philip and Kevin Morgan (1994) The Creative Milieu: A Regional Perspective on Innovation. pp. 25 - 32 in The Handbook of Industrial Innovation, edited by M. Dodgson and R. Rothwell. Vermont: E. Elgar Pub. Co.

[18] 朱华晟、王缉慈:《论柔性生产与产业集聚》，载于《世界地理研究》，2001 年第 4 期。

[19] 张耀辉:《产业创新的理论探索》，中国计划出版社 2002 年版。

[20] 张耀辉:《产业创新：新经济下的产业升级模式》，载于《数量经济技术经济研究》，2002 年第 1 期。

[21] 陆国庆:《产业创新的动力源和风险分析》，载于《广西经济管理干部学院学报》，2003 年第 2 期。

[22] 陆国庆:《产业创新：超越传统创新理论的新范式》，载于《产业经济研究》，2002 年第 1 期。

［23］罗积争、吴解生：《产业创新：从企业创新到国家创新之间的桥梁》，载于《经济问题探索》，2005 年第 4 期。

［24］管丰顺、胡树华、石永军：《产业创新原理及管理原则》，载于《企业改革与管理》，2004 年第 6 期。

［25］管丰顺、徐广文、祁华清：《产业创新理论研究与实证分析》，湖北人民出版社 2005 年版。

［26］李翔：《中国产业创新的瓶颈分析与制度安排》，载于《四川行政学院学报》，2006 年第 1 期。

［27］石奇：《产业创新全球问题理论与区域整合》，载于《产业经济研究》，2006 年第 1 期。

［28］汪秀婷：《国外产业创新模式对中国产业创新的借鉴》，载于《武汉理工大学学报》，2007 年第 8 期。

［29］陈劲：《国家技术发展系统初探》，科学出版社 2000 年版；柳卸林：《21 世纪的中国技术创新系统》，北京大学出版社 2000 年版。

［30］张治河：《面向“中国光谷”的产业创新系统研究》，载于《武汉理工大学》，2003 年。

［31］张治河、胡树华、金鑫、谢忠泉：《产业创新系统模型的构建与分析》，载于《科研管理》，2006 年第 2 期。

［32］李春艳、刘力臻：《产业创新系统生成机理与结构模型》，载于《科学学与科学技术管理》，2007 年第 1 期。

［33］李锐、鞠晓峰：《产业创新系统的自组织进化机制及动力模型》，载于《中国软科学》，2009 年第 1 期。

［34］杜义飞、陈新有、刘兴贵、邵云飞：《产业创新的价值结构研究——中国发电设备制造业产业创新分析》，载于《科学学研究》，2007 年第 5 期。

［35］王明明、党志刚、钱坤：《产业创新系统模型的构建研究——以中国石化产业创新系统模型为例》，载于《科学学研究》，2009 年第 2 期。

［36］张治河、丁华、孙丽杰、周国华：《创新型城市与产业创新系统》，载于《科学学与科学技术管理》，2006 年第 12 期。

［37］于树江、戴大双、王云峰：《集群式产业创新的空间集聚效应分

析》，载于《科技进步与对策》，2004 年第 12 期。

［38］钱亚波：《构建中国高新技术产业创新平台》，载于《科学与科学管理》，2002 年第 4 期。

［39］Barney，J. Firm resources and sustained competitive advantage［J］. Journal of Management，1991，17（1）：99 – 120.

［40］Francisco，J. Mata.，William，L. Fuerst.，Jay，B. Barney. Information technology and sustained competitive advantage：A resource-based analysis［J］. MIS Quarterly，1995，19（4）：487 – 505.

［41］Birger，Wernerfelt. The resource-based view of the firm：Ten years after［J］. Strategic Management Journal，1995，16（3）：171 – 174.

［42］Prahalad C K，Hamel G. The core competence of the Corporation［J］. Harvard Business Review，1990（5）：79 – 91.

［43］Teece，D. J.，Pisano，G.，Schuen，A. Dynamic capabilities and strategic management［J］. Strategic Management Journal，1997（18）：509 – 533.

［44］Eisenhardt K M，Martin J. Dynamic Capabilities：What are They［J］. Strategic Management Journal，Special Issue，2000，21（10 – 11）：1105 – 1121.

［45］Deeds，D. L.，DeCarolis，D.，and Coombs，J. Dynamic capabilities and new product development in high technology ventures：An empirical analysis of new biotechnology firms［J］. Journal of Business Venturing，1999（15）：211 – 229.

［46］陈铁军：《基于动态能力的技术创新战略——以 A 公司的技术创新战略为例》，载于《科研管理》，2004 年第 9 期。

［47］陈丹：《产业技术创新传导效应研究》，载于《吉林大学》，2002 年第 43 期。

［48］L. 贝塔朗菲：《一般系统论》，清华大学出版社 1987 年版。

［49］邹昊等：《技术关联：一个概念性的研究综述》，载于《管理世界》，2006 年第 2 期。

[50] Chris Freeman，Luc Soete 著，华宏勋、华宏慈等译：《工业创新经济学》，北京大学出版社 2004 年版。

[51] Frankel，M.，1955，“Obsolescence and Technological Change in a Maturing Economy”，American Economic Review，Vol. 45：296－319.

[52] 陈禹辰、李昌雄：《技术关联与技术积累对企业采用互联网的影响》，载于《课题研究论文》，2000 年第 1 期。

[53] Cristiano Antonelli，1993，“The dynamics of technological interrelatedness：the case of information and communicationtechnologies”，In D. Foray and C. Freeman（eds.）Technology and the Wealth of Nations：The Dynamics of Constructed Advantage，London and New York，Pinter Publishers，1993：194－207.

[54] 李纪珍：《产业共性技术供给体系》，中国金融出版社 2004 年版。

[55] 哈罗德·孔茨、海因茨·韦里克：《管理学（第 10 版）》，经济科学出版社 1998 年版。

[56] Teece，D. J. “Firm Organization，Industrial Structure，and Technological Innovation”. Journal of Economic Behavior & Organization，1996，31：193－224.

[57] 原毅军等：《技术关联下生产性服务业与制造业的研发博弈》，载于《中国工业经济》，2007 年第 11 期。

[58] 西蒙·库兹涅茨：《各国的经济增长》，商务印书馆 1985 年版。

[59] 盖翊中、隋广军：《基于契约理论的产业网络形成模型——综合成本的观点》，载于《当代经济科学》，2004 年第 5 期。

[60] Hakansson H，Johanson J. Industrial Networks：A New View of Reality [M]. London：Routledge Press，1992：28－34.

[61] Wilkinson，lan F.，and G. Easton. Edge of Chaos II：Industrial Network Interpretation of Boolean Functions in NK Models [J]. In F. Mazet. R. Salle and J－P Valla eds. Interaction Relationships and Networks in Business Markets：13th IMP Conference Vol 2：Groupe ESC Lyon，1997.

[62] Carlos，Melo. Brito. Towards an Institutional Theory of the Dynamics of Industrial Networks [J]. Journal of Business & Industrial Marketing. Vol. 16，2001.

[63] Christer，Karlsson. The Development of Industrial Networks [J]. In-

ternational Journal of Operations & Production Management, Vol. 23. 2003.

[64] Hakansson, H., & Ford, D. How should Companies Interact in Business Networks [J]. Journal of Business Research. 55. 2002.

[65] 陈守明:《现代企业网络》,上海人民出版社 2002 年版。

[66] 李小建:《经济地理学中的企业网络研究》,载于《经济地理》,2002 年第 5 期。

[67] 莫云清、吴添祖、吴婵君:《基于社会网络的创新扩散研究》,载于《软科学》,2004 年第 3 期。

[68] 邓智团:《新经济条件下产业网络化发展及其启示》,载于《上海经济研究》,2008 年第 2 期。

[69] 李守伟、钱省三、沈运:《基于产业网络的创新扩散机制研究》,载于《科研管理》,2007 年第 4 期。

[70] 黄守坤、李文彬:《产业网络及其演变模式分析》,载于《中国工业经济》,2005 年第 4 期。

[71] 胡琦:《产业结构变动的经济增长效应——产业结构理论演进与发展》,载于《湖北经济学院学报》,2004 年第 3 期。

[72] 刘建党:《中国经济增长与产业结构变化》,载于《当代经济》,2008 年第 10 期。

[73] 刘伟:《产业结构与经济增长》,载于《中国工业经济》,2002 年第 5 期。

[74] 叶依广、曹乾:《中国产业部门增长效应地区差异的实证分析》,载于《经济地理》,2003 年第 3 期。

[75] 黄茂兴、李军军:《技术选择、产业结构升级与经济增长》,载于《经济研究》,2009 年第 7 期。

[76] 张晖明、丁娟:《论技术进步、技术跨越对产业结构调整的影响》,载于《复旦学报(社会科学版)》,2004 年第 3 期。

[77] 王斌:《技术创新、经济增长与产业结构升级》,载于《北京机械工业学院学报》,1999 年第 4 期。

[78] 傅强、杨秀苔:《产业结构与技术转移及其影响的动力学模型》,

载于《重庆大学学报（自然科学版）》，2000 年第 5 期。

［79］冯金丽：《科技进步、产业结构升级与广西经济增长》，载于《商场现代化》，2007 年第 12 期。

［80］唐德祥、孟卫东：《R&D 与产业结构优化升级——基于中国面板数据模型的经验研究》，载于《科技管理研究》，2008 年第 5 期。

［81］韩平、刘文汇、黄川：《论中国产业结构升级与技术创新》，载于《哈尔滨商业大学学报（社会科学版）》，2002 年第 5 期。

［82］陈飞翔：《技术进步在产业结构转变中的作用——兼论中国产业结构调整的途径》，载于《生产力研究》，1989 年第 2 期。

［83］李京文、郑友敬、齐建国：《技术进步与产业结构问题研究》，载于《科学学研究》，1988 年第 4 期。

［84］刘俊杰：《论技术进步与产业结构高度化》，载于《西北师范大学学报（自然科学版）》，1994 年第 2 期。

［85］韩平：《中国产业结构升级与技术创新》，载于《商业研究》，2002 年第 7 期。

［86］陈国宏、邵赟：《中国技术引进与产业结构关系的实证研究》，载于《中国软科学》，2001 年第 2 期。

［87］刘志彪：《发达国家技术创新与产业结构高度化的趋势》，载于《南京大学学报（哲学．人文科学．社会科学版）》，2000 年第 1 期。

［88］李亚云：《技术创新推动产业高度化变迁和三次产业结构的演变》，载于《连云港职业技术学院学报》，2007 年第 9 期。

［89］周叔莲、王伟光：《科技创新与产业结构优化升级》，载于《管理世界》，2001 年第 5 期。

［90］高俊光、于渤、杨武：《产业技术创新对深圳产业结构升级的影响》，载于《哈尔滨工业大学学报（社会科学版）》，2007 年第 4 期。

［91］张靖霞：《产业技术素质影响产业结构升级的机理分析》，载于《商业时代》，2009 年第 25 期。

［92］王岳平、王亚平、王云平、李淑华：《产业技术升级与产业结构调整关系研究》，载于《宏观经济研究》，2005 年第 5 期。

[93] 马云泽、吕垒:《高新技术产业化与产业结构软化升级》，载于《商丘职业技术学院学报》，2006 年第 1 期。

[94] 赵玉林、张钟方:《高技术产业发展对产业结构优化升级作用的实证分析》，载于《科研管理》，2008 年第 5 期。

[95] 胡志强:《高新技术对中国产业结构变化影响的量化研究》，载于《科学学与科学技术管理》，2005 年第 4 期。

[96] 姜忠辉:《论高新技术对中国产业结构升级的促进作用》，载于《科技与管理》，2001 年第 4 期。

[97] 刘琳娜:《加快高新技术发展：中国产业结构调整和升级的必然选择》，载于《经济经纬》，2001 年第 2 期。

[98] 刘俊威:《高新技术产业化：新技术革命浪潮下产业结构调整的关键》，载于《齐齐哈尔大学学报（哲学社会科学版)》，2003 年第 3 期。

[99] 严潮斌:《产业创新：提升产业竞争力的战略选择》，载于《北京邮电大学学报（社会科学版)》，1999 年第 3 期。

[100] 张倩男:《谈高技术产业创新的基本特征与过程机制》，载于《商业时代》，2009 年第 19 期。

[101] 张倩男:《谈高技术产业创新的基本特征与过程机制》，载于《商业时代》，2009 年第 19 期。

[102] David J. Teece, Gary Pisano, Amy Shuen. Dynamic Capabilities and Strategic Management—The nature and Dynamics of Organizational Capabilities [M]. NewYork: Oxford University Press, 2000.

[103] Feldman, M. P. Florida, R. The geographic sources of innovation: technological infrastructure and product innovation in the United States [J]. Annals of the Association of American Geographers, 1994, 84 (2): 210 - 229.

[104] Eriksson, K, Johanson, J, Majkgard, A, and Deo Sharma, D. Effect of variation in knowledge accumulation in the internationalization process [J]. International Studies of Management & Organization, 2000, 30 (1): 26 - 44.

[105] 彭向:《中国高技术产业创新能力地区差异分析》，载于《科技进步与对策》，2009 年第 10 期。

［106］张倩男、赵玉林：《区域高技术产业创新能力的比较分析》，载于《经济问题探索》，2007年第12期。

［107］邹珊刚等：《系统科学》，上海人民出版社1987年版。

［108］Scott Stern, Michael E. Porter, Jeffrey L. Furman. The Determinants of National Innovative Capacity [J]. NBER Working paper 7876, Sept. 2000.

［109］彭宜新、邹珊刚：《国家创新能力与中国高技术产业发展》，载于《华中科技大学学报（人文社会科学版）》，2002年第2期。

［110］兰宏等：《战略高技术产业对国家创新能力的创新驱动——基于武汉光电子产业的分析》，载于《改革与战略》，2008年第5期。

［111］宋河发、穆荣平：《自主创新能力及其测度方法与实证研究——以中国高技术产业为例》，载于《科学学与科学技术管理》，2009年第3期。

［112］盛亚：《中国高技术产业化过程的机制研究》，载于《科研管理》，1996年第3期。

［113］史清琪、尚勇：《中国产业技术创新能力研究》，中国轻工业出版社2000年版。

［114］Wolfgang Arden, Future semiconductor material requirements and innovations as projected in the ITRS 2005 roadmap. Materials Science and Engineering. B, Volume 134, Issues 2－3, 15 October 2006: 104－108.

［115］杨公仆、夏大慰：《产业经济学教程》，上海财经大学出版社2002年版。

［116］孔曙光、陈玉川：《广义技术创新与区域产业结构升级的机制探索》，载于《工业技术经济》，2008年第9期。

［117］楚尔鸣：《高新技术产业经济学》，中国经济出版社2005年版。

［118］万长松、樊玉红：《高技术产业化与产业结构论》，载于《河南师范大学学报（哲学社会科学版）》，2008年第5期。

［119］黄栋、邹珊刚：《高技术产业化系统模型及管理模式研究》，载于《系统辩证学学报》，1998年第1期。

［120］阿兰·C. 格鲁奇：《比较经济制度》，中国社会科学出版社1985年版。

[121] Douglass C. North. Institutions, Institutional Change and Economic Performance [M]. Cambridge University Press, 1990.

[122] 孙永怡：《创新产业政策推进产业结构调整》，载于《探求》，2006 年第 5 期。

[123] 李斌：《基于投入产出表对技术进步的测算方法研究》，载于《数量经济技术经济研究》，2003 年第 2 期。

[124] 李诚：《中国产业结构的投入产出关联测度及应用研究》，载于《山西财经大学学报》，2009 年第 1 期。

[125] Chris Freeman and Luc Soete. The Economics of Industrial Innovation [M]. London: The MIT Press, 1997: 244.

[126] Nelson, R. R. and Winter, S. G. An Evolutionary Theory of Economic Change [M]. Cambridge: Belknap, 1982.

[127] 丁焕峰：《技术扩散与产业结构优化的理论关系分析》，载于《工业技术经济》，2006 年第 5 期。

[128] 李健：《论产业结构软化》，载于《北京理工大学学报》，1999 年第 4 期。

[129] 周振华：《现代经济增长中的结构效应》，上海三联书店 1991 年版。

[130] 刘伟：《经济发展与结构转换》，北京大学出版社 1992 年版。

[131] 方甲：《产业结构问题研究》，中国人民大学出版社 1997 年版。

[132] 宋锦剑：《论产业结构优化升级的测度问题》，载于《当代经济科学》，2000 年第 3 期。

[133] 世界银行：《世界发展报告 1997：变革世界中的政府》，中国财政经济出版社 1997 年版。

[134] 顾六宝、郝海岗：《河北省产业结构水平和效益的动态分析》，载于《河北学刊》，2008 年第 3 期。

[135] 彭志龙：《中国第三产业比重是否应该逐年上升》，载于《统计研究》，2009 年第 12 期。

[136] 宋国宇、刘文宗：《产业结构优化的经济学分析及测度指标体系研究》，载于《科技和产业》，2005 年第 7 期。

[137] 郭克莎：《中国技术密集型产业发展的趋势、作用和战略》，载于《产业经济研究》，2005 年第 5 期。

[138] 尚于力、申玉铭、邱灵：《中国生产性服务业的界定及其行业分类初探》，载于《首都师范大学学报（自然科学版）》，2008 年第 6 期。

[139] 易丹辉：《数据分析与 Eviews 应用》，中国统计出版社 2003 年版。

[140] JOHANSEN S. Statistical analysis of cointegration vectors [J]. Journal of Economic Dynamics and Control, 1988 (12): 231 - 254.

[141] JOHANSEN S. likelihood-baded Inference in Conintegrated Vetor Autoregressive Models [M]. New York Oxford University Press, 1995.

[142] JOHANSEN S, JUSELIUS K. Maximum Likelihood Estimationed Inferences on Cointegration with Application to the Demand for Money [J]. Oxford Bulletin of Economics and Statistics, 1990 (52): 169 - 210.

[143] 迈克尔·波特：《国家竞争优势》，华夏出版社 2002 年版。

[144] 李永等：《中国高技术产业网络的相关特性探讨》，载于《上海理工大学学报》，2008 年第 3 期。

[145] 兰宏、聂鸣、邹德文：《战略高技术产业对国家创新能力的创新驱动——基于武汉光电子产业的分析》，载于《改革与战略》，2008 年第 5 期。

[146] 冯泰文、孙林岩、何哲、袭著燕：《中国高技术制造业规模与 R&D 效率关系的实证研究》，载于《科学学与科学技术管理》，2008 年第 6 期。

[147] 蒋殿春、夏良科：《外商直接投资对中国高技术产业技术创新作用的经验分析》，载于《世界经济》，2005 年第 8 期。

[148] 冼国明、严兵：《FDI 对中国创新能力的溢出效应》，载于《世界经济》，2005 年第 10 期。

[149] 梁莱歆等：《高新技术企业融资策略与方法》，经济科学出版社 2003 年版。

[150] 俞立平：《中国制造业创新绩效研究》，载于《经济学家》，2005 年第 4 期。

[151] 蔡虹、许晓雯：《中国技术知识存量的构成与国际比较研究》，载于《研究与发展管理》，2005 年第 8 期。

[152] 吴瑛、杨宏进:《基于 R&D 存量的高技术产业科技资源配置效率 DEA 度量模型》,载于《科学学与科学技术管理》,2006 年第 9 期。

[153] 李磊、赵旭、张嵎喆、王君:《中国高技术产业结构现状及发展战略分析》,载于《科学学研究》,2006 年第 12 期。

[154] 冯春晓、韩民春:《基于行业结构分析的高技术产业发展战略研究》,载于《中国科技论坛》,2009 年第 9 期。

[155] 梁平、梁彭勇、黄馨:《中国高技术产业创新效率的动态变化——基于 Malmquist 指数法的分析》,载于《产业经济研究》,2009 年第 3 期。

[156] 谭华玲:《科技成果转化率低的市场原因及对策分析》,载于《中国集体经济》,2009 年第 2 期。

附录

附表 1　**1995～2008 年高技术产业创新能力指标数据**

指标	1995 年	1996 年	1997 年	1998 年	1999 年	2000 年	2001 年
R&D 经费投入（元）	178474	309577	420153	564501	675580	1110410	1570109
R&D 经费投入强度	0. 0045	0. 0069	0. 0075	0. 0086	0. 0086	0. 0111	0. 0131
R&D 活动人员折合全时当量（人年）	57838	90594	96089	70879	92589	91573	111572
工程师科学家占科技人员比重（%）	0. 3718	0. 5204	0. 5511	0. 4662	0. 4812	0. 5789	0. 6191
技术引进消化吸收率（%）	0. 0780	0. 0987	0. 1035	0. 2055	0. 1469	0. 0716	0. 0470
新产品开发经费占科技活动经费比重（%）	0. 4962	0. 6119	0. 6415	0. 5905	0. 6231	0. 4910	0. 4824
高技术企业自有科技机构数（家）	2138	1890	1680	1735	1809	1379	1372
高技术企业科研机构密度（%）	0. 1135	0. 1000	0. 0965	0. 1856	0. 1906	0. 1413	0. 1309
企业自有科技经费筹集比例（%）	0. 3514	0. 2846	0. 3641	0. 4143	0. 4610	0. 4006	0. 4402
专利申请数（项）	612	545	713	1076	1482	2245	3379
单位科技人力投入专利产出（项/人）	0. 0025	0. 0021	0. 0027	0. 0042	0. 0055	0. 0086	0. 0124
人均专利拥有数量（项/人）	0. 0017	0. 0012	0. 0013	0. 0030	0. 0032	0. 0055	0. 0057
生产设备中微电子控制设备所占比重（%）	0. 0840	0. 0829	0. 0816	0. 1156	0. 1876	0. 1758	0. 1564
技术改造投入（元）	822714	784523	815127	681970	692550	1047478	1172261
技术改造投入强度（%）	0. 0210	0. 0174	0. 0145	0. 0104	0. 0089	0. 0104	0. 0098

续表

指标	1995 年	1996 年	1997 年	1998 年	1999 年	2000 年	2001 年
高技术产业工程技术人员占全部从业人员比重（%）	0. 0725	0. 0792	0. 0814	0. 0798	0. 0800	0. 0805	0. 0850
新产品产值（万元）	7100892	8419426	10847877	14011749	17207152	26672771	29571857
新产品销售份额（%）	0. 1374	0. 1554	0. 1433	0. 1835	0. 1951	0. 2475	0. 2394
新产品出口销售率（%）	0. 1291	0. 2148	0. 1808	0. 2269	0. 2207	0. 2731	0. 2461
高技术产业技术进步贡献率（%）	0. 7683	0. 7872	1. 2574	1. 3047	1. 1060	0. 8674	0. 8129
高技术产业技术影响力（%）	0. 1108	0. 1247	0. 1613	0. 2162	0. 2611	0. 3121	0. 3595
高技术产业技术感应力（%）	0. 1016	0. 0837	0. 1478	0. 1981	0. 2393	0. 2860	0. 3294
高技术产业增加值率（%）	0. 2638	0. 2591	0. 2579	0. 2510	0. 2564	0. 2650	0. 2524
高技术产业全员劳动生产率比较优势	2. 6824	2. 7085	3. 1727	3. 7298	4. 3291	5. 1586	5. 1944
产品出口比较竞争力	0. 0012	0. 0015	0. 0017	0. 0023	0. 0030	0. 0041	0. 0049
产业集中度	0. 7099	0. 7147	0. 7139	0. 7431	0. 7485	0. 7662	0. 7810
政府资金占科技活动经费比重（%）	0. 1804	0. 1698	0. 1583	0. 1221	0. 1075	0. 0720	0. 0595
金融贷款占科技活动的比重（%）	0. 1425	0. 1889	0. 1573	0. 1708	0. 1185	0. 0819	0. 0840
R&D 经费占 GDP 比重（%）	0. 5700	0. 5700	0. 6400	0. 6500	0. 7600	0. 9000	0. 9500
科技企业孵化器（家）	73	80	80	77	110	164	324
指标	2002 年	2003 年	2004 年	2005 年	2006 年	2007 年	2008 年
R&D 经费投入（元）	1869660	2224468	2921315	3624985	4564367	5453224	6551994
R&D 经费投入强度	0. 0128	0. 0109	0. 0105	0. 0107	0. 0110	0. 0110	0. 0141

续表

指标	2002 年	2003 年	2004 年	2005 年	2006 年	2007 年	2008 年
R&D 活动人员折合全时当量（人年）	118448	127849	120830	173161	188987	248228	285079
工程师科学家占科技人员比重（%）	0. 6332	0. 6560	0. 6288	0. 6926	0. 6696	0. 7182	0. 7158
技术引进消化吸收率（%）	0. 0559	0. 0604	0. 0716	0. 1118	0. 3242	0. 1400	0. 1050
新产品开发经费占科技活动经费比重（%）	0. 5074	0. 4855	0. 4768	0. 6553	0. 6869	0. 7352	0. 7890
高技术企业自有科技机构数（家）	1374	1259	1732	1619	1929	2217	2534
高技术企业科研机构密度（%）	0. 1212	0. 1022	0. 0968	0. 0924	0. 1007	0. 1030	0. 0982
企业自有科技经费筹集比例（%）	0. 4614	0. 4318	0. 4038	0. 4111	0. 4926	0. 5052	0. 5541
专利申请数（项）	5590	8270	11026	16823	24301	34446	39656
单位科技人力投入专利产出（项/人）	0. 0204	0. 0297	0. 0380	0. 0485	0. 0617	0. 0720	0. 0702
人均专利拥有数量（项/人）	0. 0068	0. 0121	0. 0156	0. 0192	0. 0207	0. 0280	0. 0423
生产设备中微电子控制设备所占比重（%）	0. 1108	0. 1424	0. 1663	0. 1337	0. 1884	0. 1963	0. 1766
技术改造投入（元）	1524332	1550355	1879039	1590214	1719061	2109878	2186000
技术改造投入强度（%）	0. 0104	0. 0076	0. 0067	0. 0047	0. 0041	0. 0042	0. 0039
高技术产业工程技术人员占全部从业人员比重（%）	0. 0959	0. 0868	0. 0589	0. 0707	0. 0685	0. 0690	0. 0710
新产品产值（万元）	35142813	46921637	60925213. 9	70348164. 5	84932622. 9	106712636	130182842
新产品销售份额（%）	0. 2338	0. 2212	0. 2188	0. 2074	0. 2042	0. 2147	0. 2336
新产品出口销售率（%）	0. 3110	0. 3138	0. 4467	0. 3856	0. 4051	0. 4224	0. 4924

续表

指标	2002 年	2003 年	2004 年	2005 年	2006 年	2007 年	2008 年
高技术产业技术进步贡献率（%）	0. 6868	0. 5649	0. 1816	0. 2640	0. 2739	0. 1720	-1. 1806
高技术产业技术影响力（%）	0. 4186	0. 4731	0. 4923	0. 5129	0. 5360	0. 5494	0. 5158
高技术产业技术感应力（%）	0. 3836	0. 4141	0. 4308	0. 4489	0. 4691	0. 4808	0. 4515
高技术产业增加值率（%）	0. 2496	0. 2449	0. 2283	0. 2365	0. 2395	0. 2303	0. 2791
高技术产业全员劳动生产率比较优势	5. 4539	5. 7541	5. 0799	5. 0904	4. 8669	4. 2579	4. 6600
产品出口比较竞争力	0. 0065	0. 0093	0. 0111	0. 0127	0. 0138	0. 0133	0. 0128
产业集中度	0. 7944	0. 8326	0. 8665	0. 8636	0. 8664	0. 8555	0. 8420
政府资金占科技活动经费比重（%）	0. 0785	0. 0534	0. 0523	0. 0534	0. 0527	0. 0687	0. 0840
金融贷款占科技活动的比重（%）	0. 0970	0. 1002	0. 0723	0. 0560	0. 0790	0. 0475	0. 0323
R&D 经费占 GDP 比重（%）	1. 0700	1. 1300	1. 2300	1. 3400	1. 4200	1. 4900	1. 5000
科技企业孵化器（家）	378	431	464	534	548	614	670

附表 2　　1995～2008 年产业结构优化升级指标数据

年份	工业加工程度	技术集约化程度	生产性服务业占 GDP 比重	高技术产业成长程度	产业结构效益系数	工业单位产值能耗	一国单位产值能耗	第三产业占 GDP 比重
1995	0.7980	0.0314	0.2338	1.0000	0.6448	3.8553	2.1577	0.3286
1996	0.8039	0.0635	0.2303	1.0294	0.6162	3.4068	1.9522	0.3277
1997	0.6382	0.0256	0.2372	1.7628	0.6323	3.0400	1.7449	0.3417
1998	0.9397	0.0707	0.2450	2.1337	0.6449	2.7752	1.5665	0.3623
1999	0.8752	0.0355	0.2499	2.5982	0.6726	2.5319	1.4924	0.3777
2000	0.8787	0.0358	0.2518	2.4583	0.6988	2.2390	1.3965	0.3902
2001	0.8783	0.0841	0.2545	1.1402	0.7122	2.1190	1.3059	0.4046
2002	0.8991	0.0929	0.2547	2.0153	0.7251	2.1543	1.2615	0.4147
2003	0.8995	0.1100	0.2476	2.2034	0.7260	2.1772	1.2884	0.4123
2004	0.8098	0.0831	0.2899	1.3699	0.6701	2.1967	1.2711	0.4038
2005	0.8368	0.1333	0.2509	1.7259	0.6513	2.0466	1.2263	0.4008
2006	0.8660	0.1458	0.2468	1.4154	0.6255	1.9180	1.1621	0.4000
2007	0.8890	0.1551	0.2320	0.7635	0.5943	1.7204	1.0322	0.4040
2008	0.8925	0.1565	0.2053	0.8152	0.5651	1.3378	0.9479	0.4100

附表 3

1995～2008 年医药制造业创新能力指标数据

指标	1995 年	1996 年	1997 年	1998 年	1999 年	2000 年	2001 年
R&D 经费投入（元）	42784. 6	56471	66161	76448	92592	134669	192544
R&D 经费投入强度	0. 0047	0. 0054	0. 0056	0. 0060	0. 0067	0. 0083	0. 0100
R&D 活动人员折合全时当量（人年）	9528	10936	11303	10860	13015	12136	15229
工程师科学家占科技人员比重（%）	0. 4336	0. 5812	0. 5934	0. 4227	0. 5053	0. 5942	0. 6075
技术引进消化吸收率（%）	0. 1336	0. 2429	0. 2211	0. 1283	0. 4615	0. 2667	0. 1561
新产品开发经费占科技活动经费比重（%）	0. 4286	0. 5181	0. 5136	0. 3739	0. 4482	0. 3942	0. 3449
高技术企业自有科技机构数（家）	564	528	510	524	587	501	488
高技术企业科研机构密度（%）	0. 1047	0. 0979	0. 1014	0. 1598	0. 1794	0. 1518	0. 1399
企业自有科技经费筹集比例（%）	0. 7150	0. 6582	0. 7421	0. 7394	0. 8056	0. 8342	0. 8791
专利申请数（项）	273	168	257	275	283	547	735
单位科技人力投入专利产出（项/人）	0. 0109	0. 0047	0. 0067	0. 0071	0. 0078	0. 0145	0. 0184
人均专利拥有数量（项/人）	0. 0073	0. 0032	0. 0035	0. 0058	0. 0064	0. 0109	0. 0077
生产设备中微电子控制设备所占比重（%）		0. 0330	0. 0395	0. 0531	0. 0621	0. 0864	0. 0790
技术改造投入（元）	273404. 1	187341	202057	214996	177815	286587	342962
技术改造投入强度（%）	0. 0303	0. 0180	0. 0172	0. 0170	0. 0129	0. 0176	0. 0178
高技术产业工程技术人员占全部从业人员比重（%）	0. 1161	0. 1381	0. 1404	0. 1497	0. 1632	0. 1655	0. 1547

续表

指标	1995 年	1996 年	1997 年	1998 年	1999 年	2000 年	2001 年
新产品产值（万元）	615318	847771	1132835	1252969	1458679	2026498	2204377
新产品销售份额（%）	0. 0682	0. 0659	0. 0792	0. 0822	0. 0866	0. 1046	0. 1050
新产品出口销售率（%）	0. 1075	0. 0816	0. 0948	0. 0916	0. 1134	0. 0893	0. 0827
高技术产业技术进步贡献率（%）	0. 7700	0. 8667	1. 1743	2. 0967	1. 2315	0. 9143	0. 5252
高技术产业技术影响力（%）	7. 9970	9. 3307	10. 4067	12. 5195	13. 9477	16. 3292	17. 4977
高技术产业技术感应力（%）	7. 0808	8. 2617	9. 2145	11. 0852	12. 3498	14. 4585	15. 4930
高技术产业增加值率（%）	0. 2757	0. 3127	0. 3264	0. 3154	0. 3440	0. 3559	0. 3538
高技术产业全员劳动生产率比较优势	2. 5706	2. 9019	3. 1727	3. 4812	4. 0930	4. 6500	4. 6617
产品出口比较竞争力	2. 3457	2. 0987	1. 7966	1. 8831	1. 7515	1. 2736	1. 2646
产业集中度	0. 6347	0. 6204	0. 6251	0. 6459	0. 6680	0. 6568	0. 6775
政府资金占科技活动经费比重（%）	0. 0250	0. 0552	0. 0612	0. 0329	0. 0485	0. 0315	0. 0280
金融贷款占科技活动的比重（%）	0. 2497	0. 2508	0. 1597	0. 2204	0. 1388	0. 1147	0. 0851
R&D 经费占 GDP 比重（%）	0. 5700	0. 5700	0. 6400	0. 6500	0. 7600	0. 9000	0. 9500
科技企业孵化器（家）	73	80	80	77	110	164	324
指标	2002 年	2003 年	2004 年	2005 年	2006 年	2007 年	2008 年
R&D 经费投入（元）	216359	276684	281812. 4	399510. 2	525856. 4	658836. 2	790878. 7
R&D 经费投入强度	0. 0095	0. 0101	0. 0093	0. 0099	0. 0111	0. 0110	0. 0107

续表

指标	2002 年	2003 年	2004 年	2005 年	2006 年	2007 年	2008 年
R&D 活动人员折合全时当量（人年）	18220	17518	13930. 72	19584. 38	25391. 04	30778. 28	40191. 65
工程师科学家占科技人员比重（%）	0. 6398	0. 6603	0. 6498	0. 6950	0. 6572	0. 6788	0. 6575
技术引进消化吸收率（%）	0. 1772	0. 2598	0. 4085	0. 9764	1. 0871	1. 4031	0. 9498
新产品开发经费占科技活动经费比重（%）	0. 3387	0. 3570	0. 3780	0. 5319	0. 5504	0. 5804	0. 6198
高技术企业自有科技机构数（家）	500	476	587	581	641	708	746
高技术企业科研机构密度（%）	0. 1358	0. 1172	0. 1232	0. 1169	0. 1194	0. 1232	0. 1143
企业自有科技经费筹集比例（%）	0. 8150	0. 8554	0. 8626	0. 8753	0. 8832	0. 9038	0. 8772
专利申请数（项）	999	1305	1696	2708	2383	3056	3917
单位科技人力投入专利产出（项/人）	0. 0188	0. 0293	0. 0364	0. 0522	0. 0371	0. 0416	0. 0431
人均专利拥有数量（项/人）	0. 0091	0. 0103	0. 0194	0. 0219	0. 0306	0. 0338	0. 0349
生产设备中微电子控制设备所占比重（%）	0. 0293	0. 0757	0. 0843	0. 0837	0. 0889	0. 0950	0. 0854
技术改造投入（元）	610503	469168	571001. 6	441006. 8	483437. 5	473090. 8	513720. 9
技术改造投入强度（%）	0. 0268	0. 0171	0. 0188	0. 0110	0. 0102	0. 0079	0. 0069
高技术产业工程技术人员占全部从业人员比重（%）	0. 1969	0. 1458	0. 1216	0. 1190	0. 1247	0. 1347	0. 1350
新产品产值（万元）	2582897	3310780	4191677. 9	5119020. 2	6048864. 3	7887356. 5	10196336
新产品销售份额（%）	0. 1091	0. 1104	0. 1282	0. 1168	0. 1208	0. 1194	0. 1282

续表

指标	2002 年	2003 年	2004 年	2005 年	2006 年	2007 年	2008 年
新产品出口销售率（%）	0.1092	0.1258	0.1373	0.1515	0.1300	0.1974	0.1542
高技术产业技术进步贡献率（%）	0.2485	-0.0090	0.6771	0.8109	0.7877	0.8998	0.4640
高技术产业技术影响力（%）	18.1374	20.9956	22.6589	28.0616	31.9102	39.3929	43.2483
高技术产业技术感应力（%）	16.0594	16.7300	18.0553	22.3604	25.4271	31.3895	34.4616
高技术产业增加值率（%）	0.3509	0.3547	0.3619	0.3600	0.3602	0.3595	0.3582
高技术产业全员劳动生产率比较优势	4.8411	4.8773	4.7976	5.1318	5.0111	4.9969	4.9956
产品出口比较竞争力	1.0911	1.0964	0.9532	0.8397	0.8137	0.7698	0.7685
产业集中度	0.6708	0.7068	0.6527	0.6654	0.6386	0.6237	0.6104
政府资金占科技活动经费比重（%）	0.0366	0.0295	0.0499	0.0404	0.0393	0.0434	0.0489
金融贷款占科技活动的比重（%）	0.0855	0.0836	0.0801	0.0599	0.0691	0.0479	0.0577
R&D 经费占 GDP 比重（%）	1.0700	1.1300	1.2300	1.3400	1.4200	1.4900	1.5000
科技企业孵化器（家）	378	431	464	534	548	614	670

附表 4　1995～2008 年航空航天器制造业创新能力指标数据

指标	1995 年	1996 年	1997 年	1998 年	1999 年	2000 年	2001 年
R&D 经费投入（元）	65067.2	96809	82670	70477	86801	137932	165218
R&D 经费投入强度	0.0248	0.0330	0.0275	0.0218	0.0268	0.0365	0.0372
R&D 活动人员折合全时当量（人年）	24769	39188	40748	18145	33532	30835	32096
工程师科学家占科技人员比重（%）	0.2770	0.3829	0.4117	0.3295	0.3634	0.4336	0.4663
技术引进消化吸收率（%）	0.0075	0.0031	0.0407	1.1801	0.5733	0.0652	0.0437
新产品开发经费占科技活动经费比重（%）	0.6206	0.6953	0.6613	0.6366	0.6013	0.4944	0.3871
高技术企业自有科技机构数（家）	272	216	211	222	256	161	130
高技术企业科研机构密度（%）	1.2420	1.1250	1.1405	1.2542	1.3989	0.9148	0.7692
企业自有科技经费筹集比例（%）	0.2919	0.2745	0.3052	0.2769	0.3694	0.3506	0.4323
专利申请数（项）	94	69	79	109	93	79	99
单位科技人力投入专利产出（项/人）	0.0010	0.0007	0.0009	0.0014	0.0010	0.0010	0.0013
人均专利拥有数量（项/人）	0.0009	0.0006	0.0004	0.0024	0.0006	0.0017	0.0014
生产设备中微电子控制设备所占比重（%）		0.0544	0.0479	0.0874	0.0756	0.0829	0.0811
技术改造投入（元）	127409	141039	164879	131111	87361	154666	242613
技术改造投入强度（%）	0.0485	0.0480	0.0549	0.0406	0.0270	0.0409	0.0547
高技术产业工程技术人员占全部从业人员比重（%）	0.1315	0.1143	0.1404	0.1489	0.1347	0.1591	0.1577

续表

指标	1995 年	1996 年	1997 年	1998 年	1999 年	2000 年	2001 年
新产品产值（万元）	590144	512770	596372	421473	645570	966141	1026690
新产品销售份额（%）	0.2248	0.1591	0.1624	0.1074	0.1709	0.2152	0.2166
新产品出口销售率（%）	0.0322	0.0452	0.1162	0.1746	0.0765	0.0952	0.1399
高技术产业技术进步贡献率（%）	1.5679	-2.5244	3.6796	2.5402	1.4281	1.3269	1.2278
高技术产业技术影响力（%）	5.6762	4.9200	7.1764	7.7950	8.1369	10.0037	12.7246
高技术产业技术感应力（%）	5.4587	4.7314	6.9013	7.4962	7.8250	9.6203	12.2368
高技术产业增加值率（%）	0.2974	0.2584	0.3129	0.2691	0.2762	0.2735	0.2642
高技术产业全员劳动生产率比较优势	1.5647	0.9673	1.5864	1.4090	1.4955	1.6711	1.9979
产品出口比较竞争力	1.0033	1.4684	1.2013	1.4407	1.3409	1.4166	2.5725
产业集中度	0.9664	0.8672	0.9754	0.9485	0.9424	0.9323	0.9781
政府资金占科技活动经费比重（%）	0.5022	0.4666	0.5296	0.5346	0.4692	0.4476	0.3310
金融贷款占科技活动的比重（%）	0.1246	0.1662	0.0768	0.0959	0.0786	0.0339	0.0679
R&D 经费占 GDP 比重（%）	0.5700	0.5700	0.6400	0.6500	0.7600	0.9000	0.9500
科技企业孵化器（家）	73	80	80	77	110	164	324

指标	2002 年	2003 年	2004 年	2005 年	2006 年	2007 年	2008 年
R&D 经费投入（元）	222912	222590	252501.6	277969.2	333417.6	425938	519869
R&D 经费投入强度	0.0446	0.0407	0.0507	0.0356	0.0417	0.0423	0.0447

续表

指标	2002 年	2003 年	2004 年	2005 年	2006 年	2007 年	2008 年
R&D 活动人员折合全时当量（人年）	36112	28165	24025. 59	29869. 93	27373. 86	27181. 99	19345. 88
工程师科学家占科技人员比重（%）	0. 4846	0. 5181	0. 4303	0. 5737	0. 5555	0. 5302	0. 5570
技术引进消化吸收率（%）	0. 0453	0. 0166	0. 0473	0. 0473	0. 0932	0. 1636	0. 0597
新产品开发经费占科技活动经费比重（%）	0. 5524	0. 5344	0. 5926	0. 6041	0. 6511	0. 6118	0. 5474
高技术企业自有科技机构数（家）	136	101	107	103	118	132	130
高技术企业科研机构密度（%）	0. 7861	0. 6824	0. 6045	0. 6168	0. 6821	0. 7293	0. 5991
企业自有科技经费筹集比例（%）	0. 4235	0. 4301	0. 5076	0. 4588	0. 4439	0. 3800	0. 3621
专利申请数（项）	176	282	155	328	510	810	1036
单位科技人力投入专利产出（项/人）	0. 0026	0. 0050	0. 0029	0. 0058	0. 0092	0. 0143	0. 0202
人均专利拥有数量（项/人）	0. 0018	0. 0025	0. 0014	0. 0034	0. 0041	0. 0048	0. 0078
生产设备中微电子控制设备所占比重（%）	0. 0977	0. 1229	0. 1033	0. 1302	0. 1231	0. 1301	0. 1080
技术改造投入（元）	264701	342101	289297	368919	323920. 1	522952. 4	332520. 2
技术改造投入强度（%）	0. 0530	0. 0625	0. 0580	0. 0472	0. 0405	0. 0520	0. 0286
高技术产业工程技术人员占全部从业人员比重（%）	0. 1681	0. 1798	0. 1766	0. 1734	0. 1708	0. 1808	0. 1811
新产品产值（万元）	1558267	2294175	2201403. 8	3735597	3371263. 2	4045685	4707441. 8
新产品销售份额（%）	0. 2864	0. 3931	0. 4263	0. 4317	0. 3818	0. 3767	0. 4070

续表

指标	2002 年	2003 年	2004 年	2005 年	2006 年	2007 年	2008 年
新产品出口销售率（%）	0. 0358	0. 0415	0. 0239	0. 0202	0. 0407	0. 0313	0. 0492
高技术产业技术进步贡献率（%）	1. 2000	5. 3541	-1. 3020	0. 7864	0. 9843	0. 5899	0. 5141
高技术产业技术影响力（%）	14. 9297	16. 8179	19. 2801	27. 2174	28. 2514	31. 8543	34. 4331
高技术产业技术感应力（%）	14. 3574	15. 4165	17. 6735	24. 9493	25. 8972	29. 1999	31. 5638
高技术产业增加值率（%）	0. 2778	0. 2558	0. 2974	0. 2622	0. 2911	0. 2850	0. 2820
高技术产业全员劳动生产率比较优势	2. 3286	2. 2468	2. 5870	2. 8556	2. 9201	2. 9024	2. 8994
产品出口比较竞争力	1. 3706	1. 4483	0. 9253	1. 0881	1. 3724	1. 4574	1. 4544
产业集中度	0. 9810	0. 9836	0. 9466	0. 9649	0. 9576	0. 9586	0. 9530
政府资金占科技活动经费比重（%）	0. 4416	0. 3740	0. 3917	0. 3210	0. 3677	0. 5206	0. 5631
金融贷款占科技活动的比重（%）	0. 0341	0. 0696	0. 0224	0. 0421	0. 0504	0. 0360	0. 0478
R&D 经费占 GDP 比重（%）	1. 0700	1. 1300	1. 2300	1. 3400	1. 4200	1. 4900	1. 5000
科技企业孵化器（家）	378	431	464	534	548	614	670

附表 5　1995~2008 年电子及通信设备制造业创新能力指标数据

指标	1995 年	1996 年	1997 年	1998 年	1999 年	2000 年	2001 年
R&D 经费投入（元）	51289.3	117340	178766	347675	388537	679441	1053862
R&D 经费投入强度	0.0025	0.0052	0.0061	0.0099	0.0087	0.0116	0.0157
R&D 活动人员折合全时当量（人年）	15398	27114	28538	30129	31740	36625	49250
工程师科学家占科技人员比重（%）	0.4103	0.5878	0.6180	0.5472	0.5373	0.6612	0.7152
技术引进消化吸收率（%）	0.0821	0.0843	0.0546	0.1149	0.0660	0.0416	0.0331
新产品开发经费占科技活动经费比重（%）	0.4471	0.5898	0.6658	0.6702	0.6720	0.5483	0.5364
高技术企业自有科技机构数（家）	841	677	614	648	634	482	497
高技术企业科研机构密度（%）	0.1168	0.0947	0.0937	0.1768	0.1665	0.1212	0.1157
企业自有科技经费筹集比例（%）	0.8015	0.7103	0.6938	0.7455	0.8093	0.8180	0.8625
专利申请数（项）	145	203	243	476	751	1099	1679
单位科技人力投入专利产出（项/人）	0.0018	0.0023	0.0026	0.0047	0.0072	0.0108	0.0148
人均专利拥有数量（项/人）	0.0010	0.0011	0.0010	0.0024	0.0031	0.0058	0.0073
生产设备中微电子控制设备所占比重（%）		0.1189	0.1197	0.1630	0.2991	0.2550	0.2127
技术改造投入（元）	345891.9	390083	351915	265393	352931	520752	492640
技术改造投入强度（%）	0.0168	0.0173	0.0120	0.0076	0.0079	0.0089	0.0073
高技术产业工程技术人员占全部从业人员比重（%）	0.1264	0.1401	0.1448	0.1519	0.1638	0.1544	0.1615

续表

指标	1995 年	1996 年	1997 年	1998 年	1999 年	2000 年	2001 年
新产品产值（万元）	3501781	5289840	7417734	9726913	10849140	17389673	19582818
新产品销售份额（%）	0.1706	0.1875	0.1744	0.2293	0.2108	0.2778	0.2793
新产品出口销售率（%）	0.1205	0.1771	0.1781	0.0890	0.1428	0.2447	0.2258
高技术产业技术进步贡献率（%）	1.0036	1.0265	1.0834	1.0961	0.9995	0.7782	0.7712
高技术产业技术影响力（%）	14.3843	16.5758	21.4734	26.5882	32.5372	38.9953	43.4591
高技术产业技术感应力（%）	12.7674	14.7125	19.0596	23.5994	28.8798	34.6119	38.5739
高技术产业增加值率（%）	0.2489	0.2348	0.2298	0.2261	0.2383	0.2459	0.2352
高技术产业全员劳动生产率比较优势	3.3530	3.1921	3.7015	4.3929	5.2737	6.1757	6.1268
产品出口比较竞争力	6.4040	8.5326	7.8658	7.5927	7.5522	7.0531	7.7477
产业集中度	0.6398	0.6464	0.6225	0.6322	0.6251	0.6371	0.7831
政府资金占科技活动经费比重（%）	0.0883	0.0709	0.0826	0.0524	0.0560	0.0322	0.0278
金融贷款占科技活动的比重（%）	0.1004	0.1780	0.1755	0.1920	0.1241	0.0831	0.0915
R&D 经费占 GDP 比重（%）	0.5700	0.5700	0.6400	0.6500	0.7600	0.9000	0.9500
科技企业孵化器（家）	73	80	80	77	110	164	324
指标	2002 年	2003 年	2004 年	2005 年	2006 年	2007 年	2008 年
R&D 经费投入（元）	1121617	1385038	1885461.6	2347164	2768853.5	3245207.7	4029384.2
R&D 经费投入强度	0.0146	0.0140	0.0136	0.0141	0.0131	0.0131	0.0147

续表

指标	2002 年	2003 年	2004 年	2005 年	2006 年	2007 年	2008 年
R&D 活动人员折合全时当量（人年）	49675	61643	60514.43	95091.24	97815.73	142408.02	172230.19
工程师科学家占科技人员比重（%）	0.6948	0.6987	0.6809	0.7201	0.6859	0.7602	0.7611
技术引进消化吸收率（%）	0.0596	0.0556	0.0973	0.3405	0.1024	0.0586	0.0908
新产品开发经费占科技活动经费比重（%）	0.5342	0.5134	0.4407	0.6902	0.6991	0.7263	0.8097
高技术企业自有科技机构数（家）	500	451	755	643	798	929	1120
高技术企业科研机构密度（%）	0.1062	0.0873	0.0939	0.0826	0.0927	0.0932	0.0870
企业自有科技经费筹集比例（%）	0.8116	0.8231	0.8690	0.8924	0.8657	0.9014	0.9292
专利申请数（项）	2956	4890	6986	11022	16708	24680	25909
单位科技人力投入专利产出（项/人）	0.0259	0.0382	0.0510	0.0652	0.0825	0.0965	0.0869
人均专利拥有数量（项/人）	0.0094	0.0164	0.0179	0.0252	0.0188	0.0255	0.0517
生产设备中微电子控制设备所占比重（%）	0.1809	0.1831	0.2194	0.1639	0.2308	0.2312	0.2247
技术改造投入（元）	527807	584805	851233.7	611918.8	625210	847536.5	1038022.8
技术改造投入强度（%）	0.0069	0.0059	0.0062	0.0037	0.0030	0.0034	0.0038
高技术产业工程技术人员占全部从业人员比重（%）	0.1536	0.1144	0.0774	0.0845	0.0856	0.0956	0.0959
新产品产值（万元）	22401695	28853308	40546832	38812363	43431944	62349265	66950467
新产品销售份额（%）	0.2880	0.2948	0.2914	0.2314	0.1981	0.2422	0.2466

续表

指标	2002 年	2003 年	2004 年	2005 年	2006 年	2007 年	2008 年
新产品出口销售率（%）	0. 2328	0. 2521	0. 4516	0. 3585	0. 3559	0. 4876	0. 5365
高技术产业技术进步贡献率（%）	0. 4225	0. 3700	0. 0238	0. 3130	0. 3600	0. 0763	−0. 2742
高技术产业技术影响力（%）	46. 0221	47. 9825	48. 2930	50. 9998	55. 0643	55. 7198	54. 1054
高技术产业技术感应力（%）	40. 8488	41. 8304	42. 1011	44. 4609	48. 0042	48. 5757	47. 1683
高技术产业增加值率（%）	0. 2440	0. 2517	0. 2403	0. 2381	0. 2412	0. 2315	0. 2565
高技术产业全员劳动生产率比较优势	6. 1893	6. 3021	5. 2210	4. 8007	4. 6866	3. 8300	3. 8550
产品出口比较竞争力	7. 5688	6. 4065	7. 0226	6. 8526	6. 4734	7. 0932	7. 1182
产业集中度	0. 7553	0. 8576	0. 8540	0. 8661	0. 8571	0. 8646	0. 8405
政府资金占科技活动经费比重（%）	0. 0355	0. 0222	0. 0223	0. 0308	0. 0273	0. 0305	0. 0351
金融贷款占科技活动的比重（%）	0. 1216	0. 1370	0. 0929	0. 0637	0. 0987	0. 0411	0. 0217
R&D 经费占 GDP 比重（%）	1. 0700	1. 1300	1. 2300	1. 3400	1. 4200	1. 4900	1. 5000
科技企业孵化器（家）	378	431	464	534	548	614	670

附表 6　　1995～2008 年电子计算机及办公设备制造业创新能力指标数据

指标	1995 年	1996 年	1997 年	1998 年	1999 年	2000 年	2001 年
R&D 经费投入（元）	5472. 6	18589	72611	44911	76554	115541	107124
R&D 经费投入强度	0. 0014	0. 0034	0. 0091	0. 0042	0. 0064	0. 0072	0. 0047
R&D 活动人员折合全时当量（人年）	1355	4278	7660	4028	6139	3941	6683
工程师科学家占科技人员比重（%）	0. 5634	0. 6637	0. 7517	0. 6604	0. 6941	0. 7623	0. 7868
技术引进消化吸收率（%）	0. 1203	0. 7342	0. 2420	0. 0813	0. 0673	0. 0788	0. 0651
新产品开发经费占科技活动经费比重（%）	0. 5261	0. 8506	0. 7884	0. 4971	0. 6517	0. 3733	0. 4828
高技术企业自有科技机构数（家）	123	199	93	92	103	63	80
高技术企业科研机构密度（%）	0. 1720	0. 2847	0. 1315	0. 1818	0. 2128	0. 1275	0. 1473
企业自有科技经费筹集比例（%）	0. 7507	0. 7057	0. 6301	0. 8284	0. 8692	0. 9111	0. 9067
专利申请数（项）	12	29	34	81	139	263	558
单位科技人力投入专利产出（项/人）	0. 0014	0. 0028	0. 0024	0. 0065	0. 0116	0. 0177	0. 0308
人均专利拥有数量（项/人）	0. 0011	0. 0006	0. 0009	0. 0038	0. 0058	0. 0088	0. 0063
生产设备中微电子控制设备所占比重（%）		0. 1371	0. 0999	0. 0957	0. 1054	0. 1406	0. 1524
技术改造投入（元）	16335. 3	19480	39518	38952	35929	28852	28770
技术改造投入强度（%）	0. 0043	0. 0035	0. 0049	0. 0036	0. 0030	0. 0018	0. 0013
高技术产业工程技术人员占全部从业人员比重（%）	0. 1821	0. 2143	0. 1977	0. 1771	0. 2037	0. 2771	0. 1824

续表

指标	1995 年	1996 年	1997 年	1998 年	1999 年	2000 年	2001 年
新产品产值（万元）	366412	1485321	1302417	2191763	3663980	5600311	6138917
新产品销售份额（%）	0. 0968	0. 2476	0. 1434	0. 2111	0. 2973	0. 3358	0. 2741
新产品出口销售率（%）	0. 3951	0. 4739	0. 2961	0. 7949	0. 4914	0. 4576	0. 3904
高技术产业技术进步贡献率（%）	0. 8698	0. 9557	0. 5060	0. 3462	1. 1239	0. 6930	0. 2252
高技术产业技术影响力（%）	34. 7760	55. 4267	64. 2373	71. 3733	77. 3619	96. 1804	101. 6192
高技术产业技术感应力（%）	32. 2146	51. 3442	59. 5059	66. 1163	71. 6638	89. 0962	94. 1344
高技术产业增加值率（%）	0. 2624	0. 2358	0. 2271	0. 2374	0. 2003	0. 2230	0. 1964
高技术产业全员劳动生产率比较优势	7. 3766	9. 1895	9. 3419	10. 2778	9. 0518	11. 4069	9. 7895
产品出口比较竞争力	11. 5050	14. 0951	13. 4630	12. 0141	14. 0020	11. 6235	15. 6133
产业集中度	0. 4517	0. 4076	0. 4549	0. 5400	0. 5830	0. 4107	0. 6668
政府资金占科技活动经费比重（%）	0. 0989	0. 0862	0. 0479	0. 0170	0. 0139	0. 0115	0. 0240
金融贷款占科技活动的比重（%）	0. 1147	0. 1434	0. 2748	0. 1361	0. 1003	0. 0668	0. 0568
R&D 经费占 GDP 比重（%）	0. 5700	0. 5700	0. 6400	0. 6500	0. 7600	0. 9000	0. 9500
科技企业孵化器（家）	73	80	80	77	110	164	324

指标	2002 年	2003 年	2004 年	2005 年	2006 年	2007 年	2008 年
R&D 经费投入（元）	248386	257491	395998. 7	434479. 7	729250. 5	818169. 4	808960
R&D 经费投入强度	0. 0072	0. 0041	0. 0043	0. 0041	0. 0058	0. 0055	0. 0049

续表

指标	2002年	2003年	2004年	2005年	2006年	2007年	2008年
R&D 活动人员折合全时当量（人年）	6589	12393	13577.64	17483.75	24591.28	29711.64	31051.62
工程师科学家占科技人员比重（%）	0.8110	0.7467	0.6989	0.7346	0.7484	0.7909	0.7322
技术引进消化吸收率（%）	0.0102	0.0087	0.0388	0.0767	0.0450	0.0997	0.9458
新产品开发经费占科技活动经费比重（%）	0.5632	0.4753	0.6294	0.6442	0.7981	0.6892	0.8511
高技术企业自有科技机构数（家）	72	86	92	101	136	158	172
高技术企业科研机构密度（%）	0.1143	0.1062	0.0670	0.0797	0.1052	0.1090	0.1015
企业自有科技经费筹集比例（%）	0.8254	0.8766	0.9526	0.9555	0.9183	0.9063	0.9463
专利申请数（项）	953	1243	1334	1863	3221	3266	4540
单位科技人力投人专利产出（项/人）	0.0581	0.0480	0.0382	0.0411	0.0777	0.0619	0.0604
人均专利拥有数量（项/人）	0.0023	0.0105	0.0204	0.0104	0.0283	0.0608	0.0445
生产设备中微电子控制设备所占比重（%）	0.1129	0.0785	0.0838	0.0798	0.1904	0.2172	0.1200
技术改造投入（元）	45302	85706	82561.5	53753.1	105150.8	61307.7	103749.9
技术改造投入强度（%）	0.0013	0.0014	0.0009	0.0005	0.0008	0.0004	0.0006
高技术产业工程技术人员占全部从业人员比重（%）	0.1072	0.0837	0.0526	0.0973	0.0669	0.0769	0.0772
新产品产值（万元）	7758901	11245425	12608074	20826746	29584882	28419292	43173082
新产品销售份额（%）	0.2187	0.1514	0.1460	0.1931	0.2345	0.1891	0.2562

续表

指标	2002 年	2003 年	2004 年	2005 年	2006 年	2007 年	2008 年
新产品出口销售率（%）	0. 4532	0. 6425	0. 6117	0. 5596	0. 5789	0. 3979	0. 5744
高技术产业技术进步贡献率（%）	0. 4549	0. 2552	0. 1444	0. 0162	-0. 1577	0. 0517	-0. 4151
高技术产业技术影响力（%）	122. 0309	128. 1208	134. 1502	134. 5533	131. 4965	132. 5800	127. 3407
高技术产业技术感应力（%）	113. 0427	116. 6614	122. 1515	122. 5185	119. 7351	120. 7217	115. 9510
高技术产业增加值率（%）	0. 1736	0. 1706	0. 1411	0. 1710	0. 1687	0. 1530	0. 1860
高技术产业全员劳动生产率比较优势	9. 5597	9. 4257	6. 9613	7. 4493	6. 2728	4. 7575	4. 7905
产品出口比较竞争力	17. 1552	15. 1590	18. 1761	11. 5356	12. 9348	14. 3643	14. 3973
产业集中度	0. 6784	0. 8898	0. 9292	0. 9358	0. 9394	0. 9608	0. 9443
政府资金占科技活动经费比重（%）	0. 0197	0. 0102	0. 0116	0. 0120	0. 0108	0. 0163	0. 0198
金融贷款占科技活动的比重（%）	0. 0585	0. 0161	0. 0137	0. 0297	0. 0227	0. 0409	0. 0320
R&D 经费占 GDP 比重（%）	1. 0700	1. 1300	1. 2300	1. 3400	1. 4200	1. 4900	1. 5000
科技企业孵化器（家）	378	431	464	534	548	614	670

附表 7　　1995～2008 年医疗设备及仪器仪表制造业创新能力指标数据

指标	1995 年	1996 年	1997 年	1998 年	1999 年	2000 年	2001 年
R&D 经费投入（元）	13860. 4	20369	19945	24990	31097	42827	51361
R&D 经费投入强度	0. 0043	0. 0057	0. 0049	0. 0060	0. 0068	0. 0077	0. 0082
R&D 活动人员折合全时当量（人年）	6788	9078	7840	7717	8163	8036	8313
工程师科学家占科技人员比重（%）	0. 4439	0. 6083	0. 6003	0. 5195	0. 5372	0. 5875	0. 5468
技术引进消化吸收率（%）	0. 0899	0. 1176	0. 4562	0. 0497	0. 2389	0. 0703	0. 0630
新产品开发经费占科技活动经费比重（%）	0. 4848	0. 5601	0. 5859	0. 5402	0. 6174	0. 4986	0. 4306
高技术企业自有科技机构数（家）	338	270	252	249	229	172	177
高技术企业科研机构密度（%）	0. 0637	0. 0493	0. 0510	0. 1449	0. 1312	0. 0950	0. 0892
企业自有科技经费筹集比例（%）	0. 6864	0. 6474	0. 7612	0. 7278	0. 6891	0. 7181	0. 7709
专利申请数（项）	88	76	100	135	139	263	558
单位科技人力投入专利产出（项/人）	0. 0024	0. 0023	0. 0032	0. 0050	0. 0056	0. 0109	0. 0209
人均专利拥有数量（项/人）	0. 0013	0. 0012	0. 0020	0. 0029	0. 0065	0. 0070	0. 0074
生产设备中微电子控制设备所占比重（%）		0. 0560	0. 0584	0. 0894	0. 0948	0. 0993	0. 0663
技术改造投入（元）	59673. 7	46580	56758	31517	38514	56621	65276
技术改造投入强度（%）	0. 0186	0. 0131	0. 0140	0. 0075	0. 0084	0. 0101	0. 0104
高技术产业工程技术人员占全部从业人员比重（%）	0. 1198	0. 1326	0. 1334	0. 1299	0. 1452	0. 1361	0. 1449

续表

指标	1995 年	1996 年	1997 年	1998 年	1999 年	2000 年	2001 年
新产品产值（万元）	310008	283725	398519	418631	589784	690149	619055
新产品销售份额（%）	0.0967	0.0679	0.0905	0.0935	0.1188	0.1154	0.1119
新产品出口销售率（%）	0.1390	0.1214	0.1617	0.1928	0.1759	0.1655	0.1122
高技术产业技术进步贡献率（%）	1.0032	1.1271	1.3965	6.7985	2.2131	1.0378	0.9215
高技术产业技术影响力（%）	5.4848	6.5340	7.5392	10.7403	12.3206	15.3086	16.9535
高技术产业技术感应力（%）	5.3158	6.3327	7.3069	10.4095	11.9411	14.8370	16.4312
高技术产业增加值率	0.3018	0.2924	0.2832	0.2887	0.2888	0.2978	0.2956
高技术产业全员劳动生产率比较优势	1.4530	1.4510	1.4982	2.0721	2.2826	2.6883	2.7304
产品出口比较竞争力	2.4446	3.5109	3.9003	4.4339	3.7776	3.5177	3.9774
产业集中度	0.4625	0.4632	0.4682	0.4941	0.4845	0.4673	0.4609
政府资金占科技活动经费比重（%）	0.0709	0.1164	0.0957	0.1059	0.1117	0.1098	0.0927
金融贷款占科技活动的比重（%）	0.1899	0.1975	0.0980	0.0914	0.1644	0.1092	0.0903
R&D 经费占 GDP 比重（%）	0.5700	0.5700	0.6400	0.6500	0.7600	0.9000	0.9500
科技企业孵化器（家）	73	80	80	77	110	164	324
指标	2002 年	2003 年	2004 年	2005 年	2006 年	2007 年	2008 年
R&D 经费投入（元）	60386	82665	105540.5	165862.1	206989.2	305092.8	402901.9
R&D 经费投入强度	0.0082	0.0094	0.0081	0.0095	0.0088	0.0101	0.0124

续表

指标	2002 年	2003 年	2004 年	2005 年	2006 年	2007 年	2008 年
R&D 活动人员折合全时当量（人年）	7852	8128	8781. 65	11132. 08	13814. 63	18147. 72	22259. 81
工程师科学家占科技人员比重（%）	0. 6249	0. 6470	0. 6237	0. 6940	0. 6872	0. 6918	0. 6896
技术引进消化吸收率（%）	0. 0273	0. 0892	0. 3311	1. 4374	0. 4224	0. 4936	0. 3530
新产品开发经费占科技活动经费比重（%）	0. 5513	0. 5371	0. 5154	0. 6872	0. 6533	0. 6707	0. 7476
高技术企业自有科技机构数（家）	166	145	191	191	236	290	366
高技术企业科研机构密度（%）	0. 0776	0. 0679	0. 0540	0. 0572	0. 0634	0. 0695	0. 0812
企业自有科技经费筹集比例（%）	0. 7702	0. 7836	0. 8245	0. 8641	0. 8551	0. 7807	0. 8357
专利申请数（项）	953	1243	855	902	1479	2634	4254
单位科技人力投入专利产出（项/人）	0. 0430	0. 0542	0. 0454	0. 0367	0. 0483	0. 0661	0. 0860
人均专利拥有数量（项/人）	0. 0061	0. 0168	0. 0210	0. 0240	0. 0315	0. 0224	0. 0320
生产设备中微电子控制设备所占比重（%）	0. 0796	0. 1043	0. 0869	0. 0746	0. 1014	0. 1088	0. 1068
技术改造投入（元）	76020	68575	84944. 8	114616. 7	181343	204991	197986. 5
技术改造投入强度（%）	0. 0104	0. 0078	0. 0065	0. 0065	0. 0077	0. 0068	0. 0061
高技术产业工程技术人员占全部从业人员比重（%）	0. 1494	0. 1440	0. 1014	0. 1090	0. 1053	0. 1153	0. 1156
新产品产值（万元）	841053	1217949	1377226. 3	1854437. 9	2495670. 2	4011038. 4	5155516. 2
新产品销售份额（%）	0. 0889	0. 1306	0. 0992	0. 1061	0. 1004	0. 1266	0. 1446

续表

指标	2002 年	2003 年	2004 年	2005 年	2006 年	2007 年	2008 年
新产品出口销售率（%）	0. 1389	0. 1612	0. 2042	0. 2637	0. 2285	0. 3849	0. 2488
高技术产业技术进步贡献率（%）	0. 6022	1. 1716	0. 3530	0. 7833	0. 5600	0. 4930	-0. 0302
高技术产业技术影响力（%）	18. 5091	21. 2263	23. 8667	29. 8677	35. 0138	39. 4080	39. 3233
高技术产业技术感应力（%）	17. 9389	18. 6647	20. 9865	26. 2632	30. 7883	34. 6522	34. 5777
高技术产业增加值率	0. 3191	0. 3017	0. 3215	0. 3075	0. 3210	0. 3072	0. 3170
高技术产业全员劳动生产率比较优势	3. 1253	3. 3429	3. 4336	3. 6833	4. 0377	3. 7402	3. 9662
产品出口比较竞争力	3. 0108	2. 7828	2. 5892	2. 7403	2. 4191	2. 3116	2. 5376
产业集中度	0. 4233	0. 4770	0. 4629	0. 5188	0. 5303	0. 5492	0. 5256
政府资金占科技活动经费比重（%）	0. 0866	0. 0733	0. 0882	0. 0637	0. 0562	0. 0559	0. 0912
金融贷款占科技活动的比重（%）	0. 0788	0. 1280	0. 0629	0. 0566	0. 0662	0. 1339	0. 0539
R&D 经费占 GDP 比重（%）	1. 0700	1. 1300	1. 2300	1. 3400	1. 4200	1. 4900	1. 5000
科技企业孵化器（家）	378	431	464	534	548	614	670

注：科技企业孵化器分行业数据无法获得，考虑到科技企业孵化器为新创办的科技型中小企业提供物理空间和基础设施，处于其中的各高技术行业都会受益，因此，此处各行业的该指标数值以高技术产业整体的数据替代也具有一定合理性。

博士期间完成的科研项目与取得的成果

[1] 李邃，江可申．中国高技术产业科技能力对产业结构优化升级影响研究［J］．科研管理，已录稿待发。

[2] 李邃，江可申，郑兵云，白俊红．高技术产业研发创新效率与全要素生产率增长［J］．科学学与科学技术管理，2010（11）．

[3] 李邃，江可申，郑兵云．新兴产业与中国产业结构优化升级有序度研究［J］．科学学与科学技术管理，2010（12）．

[4] 李邃，江可申．中国制造业技术创新资源配置效率研究［J］．工业技术经济，2009（08）．

[5] 李邃，江可申．高技术产业科技创新传导能力研究——以江苏省为例［J］．科技进步与对策，2010（07）．

[6] 李邃，江可申．中国高技术产业科技能力评价研究［J］．科技进步与对策，2010（04）．

致　谢

四载光阴漫长而又短暂，漫长的是心理的磨砺，短暂的是情感的体悟。在这1400多天的求学生涯中，我体会到了做学问的艰辛与快乐，体会到了付出后的收获，体会到了学校、老师之于我们的期望。现在，提笔要为这一阶段做一个总结了，我发现不能割舍的真是太多了。南航校园的一草一木、老师的一言一行、同窗的一颦一笑都萦绕在脑海，铭刻在心中。在这里首先感谢的是我的导师江可申老师，是江老师无私的帮助使我顺利地走到现在，多少次江老师牺牲自己的休息时间为我辅导论文，多少次江老师鼓励的话语让我重拾信心。有了江老师的支持，漫长的心理等待不知不觉地缩短了。同时，感谢苗建军老师的关心和教导以及党耀国、周德群等学院内审专家对本书提出的宝贵意见。还要感谢我的同窗白俊红、李婧、高岩、鞠可一、王双英等同学，在你们那里我收获了珍贵的友情和无私的关怀。

默默支持我的家人，我的爱人郑兵云、我的爸爸妈妈、我的孩子，谢谢你们。

李邃

2018年11月